Wer Wind sät, wird Sturm ernten
Klimakollaps und Reinkarnation

Wer Wind sät, wird Sturm ernten.

Klimakollaps und Reinkarnation

Oder: Gott lässt Seiner nicht spotten.
Wachet auf, ruft uns die Stimme!

Matthias Holzbauer,
Journalist und Buchautor

Dieter Potzel,
Theologe, ehem. Pfarrer

Gabriele-Verlag
Das Wort

Wer Wind sät,
wird Sturm ernten.
Klimakollaps und Reinkarnation

Gabriele-Verlag Das Wort GmbH
Max-Braun-Str. 2, 97828 Marktheidenfeld
Tel. 09391/504-135, Fax 09391/504-133
info@gabriele-verlag.de

Druck: KlarDruck GmbH, Marktheidenfeld

Umschlagfoto: @ fotokalle/fotolia.com

ISBN 978-3-89201-391-4

„Ihr werdet die Wahrheit erkennen,
und die Wahrheit wird euch frei machen.“

Jesus von Nazareth,
Johannes-Evangelium, Kap. 8, Vers 32

„Ohne ein Leben nach dem Sterben
bleibt dieses Leben
ein phantastisches Chaos,
die Erde ein unbegreifliches Massengrab
und unser Geborensein ein Verbrechen,
auf das die Todesstrafe gesetzt ist.
Verstanden werden kann das Leben
nur im Lichte der Ewigkeit.“

Carl-Ludwig Schleich,
Arzt und Schriftsteller, 1859-1922

Inhalt

Vorwort

„Die Lebenden werden die Toten beneiden ..."

Klimawandel ... das war einmal ein breit diskutiertes Thema, das alle betroffen machte. Wer erinnert sich noch an das Jahr 2007? Damals löste eine Klimakonferenz die nächste ab. Spitzenpolitiker reisten in die Arktis und ließen sich vor schmelzenden Gletschern ablichten, um ihre Entschlossenheit zum Ausdruck zu bringen, etwas gegen die Erderwärmung durch die Treibhausgase zu unternehmen. Doch dann kam die Finanzkrise, und neue politische Krisenherde rückten in den Vordergrund. Mit dem Thema Klima konnte man nicht mehr punkten oder gar Wahlen gewinnen.

Es scheint unter Politikern und Wirtschaftsgrößen ein merkwürdiges Einverständnis zu herrschen, dass der Lauf der Welt sich nach ihnen zu richten habe – und nicht etwa, dass sie auf die Probleme der Zeit zu reagieren hätten. Das Klima wird schon mal warten können, bis es wieder an der Reihe ist, bis es wieder „in Mode" kommt – eines Tages vielleicht; versprechen können wir es nicht. Bis dahin lassen wir uns auf Klimakonferenzen lieber von

Untergebenen vertreten, dann werden wir mit ihrem fast schon unweigerlichen Scheitern wenigstens nicht in Verbindung gebracht.

Und das Volk? Das wird inzwischen weiter abgelenkt durch die digitale Nachrichten-Flut, durch Events und scheinbar so wichtige andere Themen. Bis dann irgendwann eine echte Flut das Haus hinwegspült oder ein Tornado es verwüstet. Doch bis dahin kann man vielleicht rasch noch ein paar Wahlen gewinnen. „Alles in Ordnung auf dem sinkenden Schiff!“, rufen die selbsternannten Kapitäne aus Politik, Wirtschaft und Kirche im Chor. „Lasst euch ruhig weiter berieseln! Wir kümmern uns schon um alles!“

Woher kommt eigentlich diese Verantwortungslosigkeit? Gerade weil sich die Klimafrage tatsächlich als zunehmend ausweglos erweist, müssten doch die Staatenlenker erst recht Alarm schlagen und den Bürgern reinen Wein einschenken – vom angeblichen „Lenker des Erdkreises“ in Rom ganz zu schweigen. Warum tun sie es nicht?

Diese Frage hat ganz ohne Zweifel etwas mit Moral zu tun. Genauer gesagt: mit dem völligen Fehlen von Moral und Anstand. Und das, obwohl sich ein Großteil der (Un-)Verantwortlichen der Welt in ihrer Glaubensausrichtung auf Jesus von Nazareth berufen, der uns doch in Seiner Bergpredigt eine klare Richtschnur für Anstand und Benehmen, für Ethik, Moral und Stil vorgab und vorlebte. Bereits die „Goldene Regel“ – tue anderen nicht das an, was du nicht willst, dass man dir antut – müsste doch ausreichen, um die Menschheit nicht einfach mit „business as usual“ in den Klimakollaps hineinlaufen zu lassen.

Warum tun sie es nicht? Warum taten sie es nicht, als noch genügend Zeit gewesen wäre? Warum taten sie rechtzeitige Warnungen – und die gab es zur Genüge – als „Panikmache“ ab, anstatt auf sie zu hören und danach zu handeln? Das vorliegende Buch, entstanden aus einer Reihe von TV-Gesprächsrunden, gibt eine auf den ersten Blick vielleicht verblüffende Antwort: Weil das Wissen um die Reinkarnation bereits vor anderthalb Jahrtausenden verdrängt und ausgelöscht worden ist – mit fatalen Nachwirkungen bis heute.

Denn verdrängt wurde mit der Reinkarnation zugleich auch das Gesetz von Saat und Ernte: Was geschieht, wenn ich die Goldene Regel nicht anwende? Dann muss ich ernten, was ich gesät habe!

„Täuscht euch nicht: Gott lässt Seiner nicht spotten. Denn was der Mensch sät, das wird er ernten“, heißt es schon bei Paulus.

Und die Ernte kommt. Sie ist kaum noch aufzuhalten. Im letzten Buch der Bibel der Kirchen ist dafür ein Bild enthalten, eine bittere Ankündigung: *„In jenen Tagen werden die Menschen den Tod suchen, aber nicht finden; sie werden sterben wollen, aber der Tod wird vor ihnen fliehen.“* (Off 9,6)
Einfacher ausgedrückt: Die Lebenden werden die Toten beneiden.

Wer Wind sät, wird Sturm ernten.
Klimakollaps und Reinkarnation.

Oder: Gott lässt seiner nicht spotten.
Wachet auf, ruft uns die Stimme!

Kapitel 1

Das postkirchliche Zeitalter hat begonnen

Klimakollaps und Reinkarnation – zugegeben: Für eine von institutionellen Priester-Religionen geprägte Welt ist dies doch ein recht ungewöhnliches Thema. Aber ein wichtiges. Denn: Gäbe es heute die Klimakatastrophe in dem sich allerorten abzeichnenden Ausmaß, wenn das Wissen um die Reinkarnation nicht gerade von der Priesterkaste gezielt verdunkelt worden wäre?

Das Wissen, dass die Seele des Menschen ewig lebt und dass sie schon vor ihrer Einverleibung in einen menschlichen Körper existierte, dass sie nach dem Leibestod weiterlebt und sich erneut einverleiben kann, ist eine unverrückbare kosmische Wahrheit. Im vorinstitutionellen Zeitalter, also ehe die institutionellen Priester-Religionen die Herrschaft übernahmen, war diese Wahrheit Bestandteil der geistig-ethischen Bildung ungezählter Menschen. Der Glaube an die Präexistenz der Seele und an die Reinkarnation, also die Wiedereinverleibung der Seelen in neue Menschenkörper, ist uraltes Menschheitswissen – und es war und ist somit auch urchristliches Wissen.

In den ersten Jahrhunderten nach der Ermordung des Jesus von Nazareth durch eine Intrige der damaligen Priesterkaste, also im entstehenden Urchristentum der ersten urchristlichen Gemeinden, war dieses Wissen um die Wiederverkörperung der Seelen lebendiger Volksglaube. Es gehörte zur Allgemeinbildung – und das quer durch alle Gesellschaftsschichten.

Die Herrscher der jeweiligen Epochen hatten und haben bis zum heutigen Tag, im Verbund mit der Priesterkaste der Glaubensinstitutionen, einen erheblichen Anteil am Zustand dieser Welt und somit am Untergang der menschlichen Zivilisation durch den Klimawandel. Denn eines steht fest: Der inzwischen wohl nicht mehr zu verhindernde Klimakollaps hat mit dem Wissen um die Reinkarnation durchaus auf sehr vielschichtige Weise zu tun – und zwar nicht nur für Menschen, die an ein Leben nach dem Tod glauben.

Setzen wir einmal den Glauben an die Reinkarnation der Seelen voraus – dann sei folgende Frage erlaubt: In welche chaotischen Lebensbedingungen werden zukünftig die Seelen der Menschen hineingeboren, die ja wiederkehrende Seelen sind? Sich einmal mit dieser einen Frage auseinanderzusetzen, könnte für alle Menschen von großer Bedeutung sein, gerade auch in Bezug auf die überlieferten Paulus-Worte: *„Täuscht euch nicht: Gott lässt Seiner nicht spotten. Denn was der Mensch sät, das wird er ernten.“*

In Anbetracht der Milliarden Menschen, die vermutlich durch die Auswirkungen des Klimawandels schon bis zum Ende dieses Jahrhunderts sterben werden, sind sowohl der Glaube an das ewige Leben der Seele als auch das uralte Menschheitswissen über die Reinkarnation aktueller denn je.

Die Suche nach dem Sinn

Immer schon kreisen Gefühle und Ahnungen der Menschen um den Sinn ihres Lebens, steigen Fragen ins Bewusstsein empor nach dem „Woher?“ und „Wohin?“, dem „Warum?“ und „Wofür?“

Nicht nur geistig suchende Menschen fragen sich bisweilen: Was ist der tiefere Sinn des Lebens und des Sterbens? Und so mancher Sinnsucher fragt sich darüber hinaus: Gibt es ein Weiterleben nach dem Tod? Wenn ich sterbe, wo bin ich dann? Was ist dann mit meinem Bewusstsein? Habe ich wirklich einen Seelenleib? Wie geht es weiter? Wer hat darauf Antworten, die glaubwürdig sind?

Kritische Zeitgenossen fragen daher weiter: Entsprechen die Vorstellungen der institutionellen Großkirchen vom Sterben und vom Tod eigentlich der kosmischen, also der universellen Wahrhaftigkeit, die wirklich aus Gott, dem Schöpfergott kommt, den wir „himmlischer Vater“ nennen? Und wenn nicht: Woher kommen dann die institutionellen dogmatischen Glaubensvorstellungen? Weshalb sollen die Menschen diesen Vorstellungen überhaupt Glauben schenken, wenn sie doch nur von sündhaften Menschen stammen?

Unversehens steht dann eine weitere Frage im Raum: Ist das überhaupt der Wille Gottes, was uns von den milliardenschweren Glaubensverwaltungs-Konzernen zu glauben aufgenötigt wird: dogmatische Glaubensinhalte, vermittelt durch sündhafte Theologen und Priester? Und das alles auch noch unter der Androhung einer – von Priestern frei erfundenen – ewigen Verdammnis?

Um Antworten auf diese und weitere Fragen zu finden, beginnen viele ernsthaft Gott suchende Menschen mit der eigenverantwortlichen Sinnsuche für das Leben hier auf Erden. So mancher spürt: In ihm ist ein Suchen nach etwas Anderem, vorerst Undefinierbarem. Man könnte auch sagen: Die Seele, das Innere des Menschen, drängt den suchenden Menschen nach einem sinnerfüllten Leben, nach einem Leben mit einer gelebten höheren Ethik und Moral, fernab von den Schalmeienklängen der Institutionen und äußeren Religionen.

So mancher nach Lebenssinn Suchende fragt sich: Kindheit, Jugend, Ausbildung, Beruf, Familie, Karriere, Kinder, Vermögen, Ansehen und Besitz, Scheidung, Ämter und Ehrenämter, etc., etc. – soll das wirklich alles gewesen sein? Hat das Gültigkeit über den Tod hinaus? Bleibt davon irgendetwas?

Ähnliches gilt für unsere allzumenschlichen Verhaltensweisen, für das Anerkennungsstreben, für Neid, Hass, Missgunst, Streit, Zank, Eifersucht, Abwertung und Übervorteilung des Nächsten, Ellenbogenmentalität, dieses „alles nur für mich", für Wünsche, Eigenliebe, Leidenschaften und Süchte, für Lügen und Betrügen, Belogen- und Betrogen-Werden ... Soll auch das wirklich alles gewesen sein? Soll das das Leben gewesen sein? Haben diese Verhaltensweisen Gültigkeit über den Tod hinaus? Prägen diese Verhaltensmuster dereinst meine Seele?

Viele, sehr viele Menschen werden mit diesen Fragen allein gelassen. Denn die institutionellen Glaubensverwalter haben dazu oftmals nur ihre – von eklatanten Widersprüchen durchzogenen – dogmatischen Routine-Erklärungen. Auch als ethisch-moralisches Vorbild werden die kirchlichen Priestermänner immer weniger in der Gesellschaft wahrgenommen – zu groß ist der Widerspruch zwischen dem, was gepredigt wird, und dem, wie die Prediger sich im Alltag verhalten, was sie davon an wirklich christlichen Inhalten umsetzen. Geistige Schönfärberei mit Lichterketten und frommen Wünschen hat nichts mit der schrittweisen Erfüllung der Zehn Gebote Gottes und der Bergpredigt des Jesus von Nazareth zu tun. Das Volk hat daher den äußeren Religionen längst „Adieu" gesagt und verlässt in Scharen die scheinchristlichen Kultgebäude.

Staat und Kirche – Hand in Hand

In der Gesellschaft anerkannt werden die äußeren Religionen, trotz aller himmelschreienden Skandale innerhalb der Glaubensinstitutionen, in erster Linie von der politischen Kaste, die sich – nicht zuletzt durch die gewährten Steuersubventionen in Milliardenhöhe – im Gegenzug Wahlkampfhilfe von der

Kanzel erhofft. Ein bekannter Liedermacher umschrieb es sinngemäß mit den Worten: *Der Minister nimmt flüsternd den Bischof beim Arm: „Halt du sie dumm, ich halt sie arm!“*

Der große Vertrauensverlust der Priesterkaste in der Bevölkerung – nicht zuletzt aufgrund nicht abreißender Skandale von Kinderschändung bis Verschwendungsprunk – kommt nicht von ungefähr. Er zeigt das Versagen und den Niedergang der Priesterreligionen auf, sowie auch deren geistige Inkompetenz, gerade wenn es um das Thema „Leben und Sterben“ geht. Da die institutionellen Religionen zu diesen zentralen Fragen keine befriedigenden Antworten zu geben vermögen, verweisen sie meist nur ohnmächtig auf ein angebliches „Geheimnis Gottes“.

Da helfen dann auch keine Subventionen aus Steuergeldern und keine Wahlkampfbekenntnisse durch hochrangige Politiker. Ganz im Gegenteil: Das negative Image der institutionellen Kirchen setzt auch die Politik in ein schattenreiches Bild. Die schlechten Wahlbeteiligungen und das gute Abschneiden von Protestwählern zeigen das deutlich auf. Die Zeit wird kommen, in der auch Politiker sich sehr deutlich von den Kirchen distanzieren werden, um politisch zu überleben.

„Tretet aus von ihr, mein Volk!“

Hand aufs Herz: Unzählige Menschen sehnen sich im Grunde nach einem postkirchlichen Zeitalter. Sie sehnen sich nach dem nahen Gott, den wir „himmlischer Vater“ nennen dürfen, so wie es uns Jesus von Nazareth lehrte – und das völlig ohne Priester, ohne Kulte, ohne Riten, ohne Dogmen und ohne das ganze Zeremonien-Machtgefüge mitsamt dem Weihrauch-Zauber in Häusern aus Stein.

Es genügt, die Kirchengeschichte und die entsprechenden historischen Fakten genauer zu kennen, um die sich heute aneinander reihenden Kirchenskandale als das zu begreifen, was sie wahrlich sind: ein fortwährender Verrat an Jesus von Nazareth – ein Verrat, der sich seit rund 1700 Jahren durch die Kirchengeschichte zieht. Und dann versteht man auch, warum immer mehr Menschen aus den Kirchen austreten, ganz nach der Aussage des Sehers von Patmos in der Offenbarung des Johannes in der Bibel: *„Geht hinaus aus von ihr, mein Volk, auf dass ihr nicht teilhabt an ihren Sünden“* – ein Satz, den man, treffend für unsere Zeit, auch mit den Worten übersetzen kann: *„Tretet aus von ihr, mein Volk, auf dass ihr nicht teilhabt an ihren Sünden.“* (Off 18.4)

Auch die Erkenntnisse der Physik, vor allem der Atomphysik und der Quantenphysik, rütteln in der heutigen Zeit gewaltig an den verstaubten Glaubensvorschriften der Institutionen – die sich bei näherer Betrachtung auch noch als antichristlich entpuppen.

Katholische Dogmen – eine aufschlussreiche Lektüre

Denn per Dogma hat bis heute jeder, absolut jeder Kirchenchrist an die Dogmen und Lehrsätze zu glauben, will er nicht von seiner Kirche, der er auch noch Steuern zahlt, ewig verdammt werden. Dazu gehören offiziell verkündete Dogmen wie eine angebliche Erbsünde, von der nur Jesus und Seine Mutter Maria befreit sein sollen, genauso wie kirchlich verbindliche Lehrverkündigungen von der Wirksamkeit von Reliquien oder der angeblichen Verminderung jenseitiger Sündenstrafen durch sogenannte von Kirchenmännern verkündete „Ablässe“. Auch die Höherstellung des Mannes gegenüber der Frau in vielen kirchlichen Lehr-Variationen und die Forderung an die Gläubigen, sich einer vermeintlichen päpstlichen Unfehlbarkeit unterwerfen zu müssen, gehören dazu.

Bisweilen gruselige bis abartige Phantasien machtbesessener Männer früherer Zeiten wurden bis heute unantastbar zum Maß aller Dinge erhoben.

Hunderttausenden von wahrhaften Nachfolgern des Jesus von Nazareth wurden obskure Vorstellungen fanatischer katholischer Priestermänner zum Verhängnis. Die Dogmen und Glaubensartikel der Kirchen brachten den Nachfolgern des Jesus von Nazareth in ungezählten Fällen grausame Folter, Kerker, Scheiterhaufen und elenden Tod. Darüber hinaus sollen die Kirchenheiligen auch noch eine perverse Freude über die behaupteten ewigen Höllenqualen der Kirchenopfer empfinden.
Betrachten wir z.B. den Kirchenheiligen und Kirchenlehrer Thomas von Aquin, der unter anderem lehrte: *„Damit den Heiligen die Seligkeit besser gefalle und sie Gott noch mehr dafür danken, dürfen sie die Strafen der Gottlosen vollkommen schauen."*

Man muss sich das einmal vorstellen: Hier wird den Kirchenheiligen die Schau des Leides anderer als Belohnung versprochen. Die Nachfolger Jesu durchschauten den Missbrauch des Namens „christlich" für antichristliche Machenschaften und Verbrechen durch die Kirchen, und sie lehnten sich mit aller

Konsequenz dagegen auf. Sie gingen lieber in den Tod, als dem Widersacher Gottes zu Diensten zu sein. Für sie war der Katholizismus mit seinen Sakramenten, Kulten, Zeremonien und Unterwerfungsforderungen unter den jeweiligen Papst nichts weiter als Obskurantismus. Obskurantismus bedeutet laut Lexikon „das Bestreben, die Menschen bewusst in Unwissenheit zu halten, ihr selbstständiges Denken zu verhindern und sie an Übernatürliches glauben zu lassen."

Alles, was die Kirche lehrt, geschieht also unter Androhung der ewigen Verdammnis für den Fall, dass ein vernunftbegabter Bürger mit Rückgrat es wagen sollte, an den von sündigen Machtmenschen gemachten Glaubensvorstellungen der institutionellen Kirchen zu zweifeln – zum Beispiel an den von Theologen erdachten Dogmen und Lehrsätzen. Liest man die vielen Hundert verbindlichen Verfluchungen des kirchlichen Lehrwerks, dann zeigt sich: Wir alle sind nach heutiger institutioneller Kirchenlehre auf ewig verdammt. Das glauben Sie nicht? Dann lesen Sie einfach selbst einmal in den offiziellen kirchlichen Lehren. Wenn wir nur ein klein wenig an etwas anderes glauben als an das, was die Kirchenlehre und die Dogmen erlauben, schon soll es abgehen in die ewige Verdammnis.

Da können noch so viele Papstaudienzen und Tausende Ave Maria nicht dagegen halten. Da können die Priester und Bischöfe noch so viel versprechen.

Um dies zu belegen, genügt ein Blick in das Lehrbuch von Neuner und Roos, „Der Glaube der Kirche in den Urkunden der Lehrverkündigung", neu bearbeitet vor allem von dem renommierten katholischen Theologen Karl Rahner. Dort heißt es unter der Randnummer 85:
„Wer nicht die ganze kirchliche Lehrverkündigung annimmt, die geschriebene wie die ungeschriebene, der sei ausgeschlossen."
Oder die Randnummer 915: *„Wer da selig werden will, der muss vor allem den katholischen Glauben festhalten; wer diesen nicht in seinem ganzen Umfange und unverletzt bewahrt, wird ohne Zweifel ewig verloren gehen."*

Und so bekräftigt es auch der Papst aus Argentinien, wenn er in seiner ersten Enzyklika mit dem Namen „Lumen fidei" im Jahr 2013 schreibt: *„Gerade weil alle Glaubensartikel in Einheit verbunden sind, kommt die Leugnung eines von ihnen, selbst von denen, die weniger wichtig erscheinen, der Beschädigung aller gleich."*

Und an irgendeinem der vielen Hundert Glaubensartikel, zumindest an einem, der laut Papst weniger wichtig erscheint, scheitert wohl jeder. Es wird nur nicht gerne darüber gesprochen, da es sonst immer mehr Menschen merken würden.
Und das bedeutet nach katholischer Lehre eben „ewige Hölle“, selbst wenn alles andere geglaubt würde. Gibt es also irgendjemanden, der aufgrund dieser Religion dem Grauen entrinnen würde? Schwer vorstellbar. Auch Bischöfe und Kardinäle, auch der Papst, sollten einmal dahingehend überprüft werden – und natürlich auch die Politiker, die staatliche Subventionen an die Kirchen befürworten.

Wer also nicht alle, auch die ungeschriebenen (!) Lehrverkündigungen für wahr hält bzw. danach lebt, gilt als ausgeschlossen und auf ewig verdammt. Erst recht wird *den* Mitmenschen die Verfluchung zugesprochen, die zum Beispiel an die Wiedergeburt der Seelen glauben. Und wer ausgeschlossen und verdammt ist, der landet nach katholischer Lehre im ewigen Höllenfeuer, was unter Randnummer 381 nachzulesen ist:
„Die heilige römische Kirche (...) glaubt fest, bekennt und verkündet, dass ‚niemand außerhalb der katholischen Kirche – weder Heide‘ noch Jude noch

Ungläubiger oder ein von der Einheit Getrennter – des ewigen Lebens teilhaftig wird, vielmehr dem ewigen Feuer verfällt, das dem Teufel und seinen Engeln bereitet ist, wenn er sich nicht vor dem Tod ihr (der Kirche) anschließt."

Das also ist die bis heute gültige, institutionelle Lehraussage der staatlich subventionierten Amtskirchen. Doch wer glaubt die komplette geschriebene und ungeschriebene kirchliche Lehrverkündigung aus den letzten fast 2000 Jahren?

Viele Kirchenchristen lassen sich bis heute täuschen. Dabei werden auch sie gemäß dieses kirchlich verbindlichen Maßstabs von der eigenen Kirche auf ewig verflucht, wenn sie auch nur an *einer* Stelle anders denken als die kirchliche Lehrverkündigung es verlangt.

Alles muss geglaubt werden, keine einzige Abweichung wird geduldet. Dies ist in den Dogmen und vielen Glaubensartikeln für jeden nachlesbar dokumentiert. Man muss nur einmal selber darin lesen, um die Ungeheuerlichkeit zu begreifen. Also heißt es auch für die Seelen der Kirchenchristen nach der bis heute kirchlich verbindlichen Lehre: Ab in die Hölle, und zwar ewig.

Nur Teile der Lehre zu glauben und Kirchensteuer zu zahlen, genügt also nicht, auch wenn die Priesterkaste ohne Skrupel bis heute die Hand aufhält, während sie die Gläubigen über wesentliche Teile der Lehre gezielt im Unklaren lässt. Und per Konkordat macht sie, wie in Deutschland, die Politik auch noch zum Büttel, damit der Staat für die Kirchen die Kirchensteuern einzieht. Und darüber hinaus werden die Glaubens-Institutionen auch noch mit Milliarden Euro aus allgemeinen Steuergeldern staatlich subventioniert und privilegiert – ein Betrug am Volk, ein dreister Etikettenschwindel mit dem Namen „christlich"!

Nachfolger Jesu standen mit ihrem Leben für Jesus von Nazareth ein, den Christus Gottes. Sie verteidigten die Reinheit der Lehre des Nazareners gegen alle Institutionen und Einflüsse, die das Licht des Christus Gottes verdunkeln wollen. Daran erkennt man wahre Nachfolger des Jesus von Nazareth. So war es in der Vergangenheit. So ist es heute.

Was bleibt über den Tod hinaus?

Alles ist Energie – und keine Energie geht verloren, lehrt uns die Physik. Was ist das dann für eine Energie, mit der die eben genannten Machenschaften betrieben werden? Ist diese Energie göttlich oder satanisch?

Wenn keine Energie verloren geht und auch Gedanken mächtige Kräfte sind, wie wir alle wissen, was bleibt dann von dem individuellen Bewusstsein eines Menschen über den Tod hinaus? Ein absolutes Nichts kann es ja nicht geben und gibt es auch nicht – was uns die Quantenphysik beizubringen versucht. Was bedeutet es dann eigentlich für den einzelnen Menschen, wenn zum Beispiel Physiker nachweisen, dass alles, was wir tun, in einem unendlichen kosmischen Quantenfeld gespeichert wird? Müssten solche Erkenntnisse, bei denen es um physikalische kosmische Gesetze geht, nicht auch Konsequenzen in Form von Veränderungen des institutionellen kirchlichen Weltbildes nach sich ziehen? Schließlich bestehen diese physikalischen Gesetze länger als die Erde, länger als das Papsttum und länger als die Menschheit mit ihren äußeren Religionen.

Baal oder Christus?

Dieses religiöse Weltbild wurde in vorchristlichen Baalskulten geprägt, hat aber bis heute Gültigkeit in den angeblich christlichen Institutionen, die es einfach mal so übernommen und weiter ausgebaut haben und es als „christlich" ausgeben. Für dieses Weltbild wären echte Konsequenzen aus den Erkenntnissen der Physik sehr revolutionär. Doch leider geht das auf Grund der angeblich unfehlbaren Dogmen nicht. Da haben die Kirchen ein echtes Dilemma. Was aber nur beweist, dass diese Kirchen mit Jesus, dem Christus, nichts zu tun haben. Gar nichts.

Nicht einmal Galilei Galileo hat die katholische Institution bis heute wirklich rehabilitiert, auch wenn sie diesen Anschein erweckt. Im 20. Jahrhundert wurde lediglich eine weitere „Überprüfung des Falles" angekündigt.
Die Institutionen sind, was die Geschichte beweist, alles andere als revolutionär, ganz im Gegenteil: Es geht den institutionellen Glaubenswächtern, wie es den Anschein hat, ausschließlich um Machterhalt und die Abschöpfung von Steuermilliarden. In Deutschland werden sogar die Gehälter von Bischöfen vom Volk bezahlt.

Fast alle Riten, Kulte, Zeremonien, Dogmen und Prozessionen der institutionellen Religionen wurden entweder von Priestern frei erfunden oder aus dem Baalskult oder anderen Kulten entlehnt. Mit dem, was Jesus von Nazareth lehrte, hat das nicht das Geringste zu tun. Für Geschichtskundige gehört das längst zur Allgemeinbildung.

Wo wird die Seele sein?

Wir Menschen bestehen, rein materiell gesehen, letzten Endes aus Atomen und Quanten. Darum steht die Frage im Raum:
Ist die sichtbare Materie wirklich alles? Ist das ganze Leben auf der Erde purer Zufall? Ist die Ordnung in den Atomen purer Zufall? Sind die Abstände der Elektronen zum Atomkern purer Zufall? Ist das Verhalten der Quanten, einmal Teilchen zu sein und einmal Energie in Form einer Welle, purer Zufall? Und: Haben sich seit der Erfindung des Katholizismus die kosmischen Gesetze entscheidend verändert?

Weitere Fragen drängen sich geistig suchenden Menschen auf: Sind wir Menschen hier auf der Erde nur auf der Durchreise, in einer Art Erdenschule, um zu lernen, wie wir schrittweise die Zehn Gebote Gottes und die Bergpredigt Jesu im Alltag erfüllen können? Könnte das wirklich sein?

Hat der Mensch eine ihm innewohnende Seele, einen Bewusstseinskörper, der den irdischen Tod überdauert, weiterexistiert – und somit unsterblich ist?

Gibt es wirklich ein unbegrenztes Bewusstsein, wie es nicht wenige Physiker und auch Ärzte, die sich mit Sterbeforschung beschäftigen, propagieren?

Wenn nach den ehernen physikalischen Gesetzen keine Energie verloren geht; wenn die Quantenphysik sogar von „kosmischen Quantenfeldern" spricht, die ständig mit uns in Kommunikation stehen, die alles speichern, was unser Menschenleben ausmacht – was geschieht dann mit der Seele eines Menschen, mit seinem Bewusstsein, nach dem Hinscheiden des Körpers? Wo wird die Seele des Menschen dann sein?

Ist Gott wandelbar?

Glaubensangebote und Vorstellungen zum Thema Jenseits und zum Leben der Seele nach dem Tod gibt es auf dem religiösen und esoterischen Markt unendlich viele, etwa die „ewige Verdammnis" der Kirchen, Himmel und Hölle, Fegefeuer - aber auch Vorstellungen von Astralwelten, Ahnenwelten, Zwischenreichen, Seelenreichen, Seelenwanderung, Lichterlebnissen, Lichtwesen und vieles andere mehr, bis hin zum Glauben an die Reinkarnation der Seele.

Falls es das alles, woran Menschen als ihre Wahrheit glauben, geben sollte, wo ist dann Gott? Wer ist Gott? Wo ist Er? Wie ist Er? Ist Er wandelbar? Ist Er heute Christ? Morgen Muslim? Übermorgen orthodox? Dann wieder Buddhist? Ist Gott vielleicht ein Esoteriker? Oder vielleicht doch ein Hindu?
Ist Gott nur auf eine Religion bezogen? Ist Gott, der Ewige, etwa inmitten der einzelnen Strömungen des menschlichen Gottesverständnisses mit sich selbst völlig zerstritten? Oder ist die Menschheit lediglich den verschiedensten Gottesauslegungen der Priesterkasten auf den Leim gegangen und ihnen seitdem hörig?

Weshalb gab und gibt es Gottespropheten?

Gibt es keine Antworten auf diese Fragen? Und wenn doch: Von wem? Gibt es die „eine Wahrheit?"

Immer wieder hört man auch die Aussage: Nach dem Tod ist die Seele des Menschen gleich bei Gott. Diese Wunschvorstellung widerspricht jedoch der Lehraussage des Paulus: *„Was der Mensch sät, wird der Mensch ernten."* Was der Mensch folglich seiner Seele während des Erdenlebens alles an Verschattungen und Prägungen aufgelastet hat, kann nicht sogleich vom absoluten Sein, den reinen Himmeln, angezogen werden.

Nur eine absolut reine Seele kann in die reine ewige Heimat aufgenommen werden. Das bedeutet für uns alle, dass wir unsere Seele zuerst reinigen müssen, dass sie lichter und lichter werden muss, durch Erfüllung der Gesetze Gottes, bevor wir zurück ins ewige Vaterhaus können.

Je konkreter die Antworten auf diese Fragen sind, desto kleiner wird die Zahl der Menschen, die wahrhaftige Antworten hören wollen und diese auch als solche erkennen. Menschen, die in sich zu Gott gefunden haben, haben die Erfahrung gemacht:

Viele Mitmenschen wollen nur über Glaubensfragen reden, diskutieren, spekulieren, vor allem aber Recht haben. So manche Mitmenschen suchen dadurch persönliche Aufwertung und vieles andere mehr. Um dem eigenen Ego zu schmeicheln, zimmern sich manche auch ein eigenes Gottesbild zurecht.
Doch wofür gibt es dann die Zehn Gebote Gottes und die Bergpredigt Jesu? Wofür sandte Gott, der Ewige, dann Seine Propheten – und nicht zuletzt Jesus von Nazareth?
Selten geht es in der kirchlich-institutionell geprägten Gesellschaft um die schrittweise Erfüllung der Gesetze Gottes, der Zehn Gebote, gegeben durch Mose, und der Bergpredigt des Jesus von Nazareth.

Die Wahrheit aus Gottes Weisheit zu empfangen, bedeutet immer auch, Verantwortung für das geistige Wissen zu übernehmen, indem wir uns bemühen, das, was wir an göttlichen Gesetzmäßigkeiten empfangen und erfassen, schrittweise im täglichen Leben umsetzen.

Könnte es sein, das wir Menschen diese geistigen Hilfen, auch und gerade für ein Leben nach dem Tod, dringender brauchen, als es uns bewusst ist?

Materie ist nur Schlacke

Eine dieser Hilfen könnte auch aus der Naturwissenschaft kommen. Der Physiker und Friedensnobelpreisträger Hans Peter Dürr kam auf Grund seiner lebenslangen Forschungen zu folgendem Schluss: *„Was wir Diesseits nennen, ist ja eigentlich die Schlacke, die Materie, also das, was greifbar ist. Das Jenseits ist alles Übrige, die umfassende Wirklichkeit, das viel Größere. Das, worin das Diesseits gebettet ist. Insofern ist auch unser gegenwärtiges Leben bereits vom Jenseits umfangen. Wenn ich mir also vorstelle, dass ich während meines diesseitigen Lebens nicht nur meine eigene kleine Festplatte beschrieben habe, sondern immer auch etwas in diesen geistigen Quantenfeldern abgespeichert habe, gewissermaßen im großen Internet der Wirklichkeit, dann geht dies ja mit meinem körperlichen Tod nicht verloren. In jedem Gespräch, das ich mit Menschen führe, werde ich zugleich Teil eines größeren geistigen Ganzen.“* (*PM-Magazin*, 05/2007)

Sollte es also doch die Möglichkeit mehrerer Erdenleben für die Seelen verstorbener Menschen geben, also die Wiederverkörperung der Seelen in neuen Menschenleibern? Und das trotz aller Verdrängungs-, Verleumdungs- und Ausmerzungsversuche des Wissens um die Präexistenz der Seele und um die Reinkarnation durch die angeblich christlichen Institutions-Religionen?

Waren am Ende viele von uns Menschen schon öfter auf Erden – und wie lange werden wir immer wiederkommen?
Andersherum gefragt: Kehren also die Seelen der Menschen in neuen Erdenleibern immer wieder zur Erde zurück – und gibt es einen Ausweg aus dem Rad der Wiederverkörperungen?
Ist die Reinkarnation vielleicht sogar eine Gnadengabe des Lebens? Wohin geht die Reise unserer Seele nach dem Hinscheiden des Körpers?

Dies sind Fragen, die uns äußere Religionen nicht glaubhaft beantworten können. Und schon gar keine dogmengebundenen Priester der milliardenschweren Machtkirchen.

Die Weisheit der Himmel kam ausschließlich durch Gottespropheten und durch Jesus von Nazareth zu den Menschen, nicht durch Priester, Bischöfe oder Päpste. Das uralte, gerade im frühen Urchristentum noch lebendige Menschheitswissen über die Reinkarnation wurde durch die damals gerade erst entstehende katholische Machtkirche brutal bekämpft und weitgehend ausgemerzt. Dies hatte fatale, ja verheerende Folgen für das gesamte Schicksal der Menschheit, und das bis heute: Der heraufziehende Klimakollaps zeigt es eindrucksvoll und unwiderruflich den Menschen und Seelen auf – und wird vielleicht auch die erkenntnisresistenten Dogmatiker doch noch eines Besseren belehren.

Leben ist überall – weil Gott überall ist

Es geht im Leben immer darum, Verantwortung für das Leben zu tragen – für das eigene Leben und für das Leben, das uns im Leben begegnet. Denn Leben ist Gott. Und es gibt kein Leben ohne Gott und außerhalb von Gott. Gott ist in allem und allen das Innerste, das Leben.

Gott ist Geist und ewiges Leben und da wir Seine Kinder sind, sind auch wir, tief im Seelengrund, Geist aus Seinem Geiste und ewiges Leben aus Ihm, dem Schöpfergeist, der das Leben in Allem und Allen ist.
Gott ist in uns. Er ist das „Ich Bin Der Ich Bin". Er ist der redende Gott – denn Er spricht zu allen Seinen Schöpfungskindern.

Gott ist Liebe! Gott ist Schöpfungseinheit. Gott ist Freiheit, der Freie Geist in allen Seinen Kindern. Gott zwingt uns zu nichts. Der freie Wille ist jedem Menschen und jeder Seele gegeben, im Für oder Wider.

Uns Menschen ist geboten, Seine Gesetze, die in Auszügen in den Zehn Geboten Gottes enthalten sind und in der Bergpredigt des Jesus von Nazareth, anzunehmen und Schritt für Schritt danach zu leben. Dadurch werden wir frei von äußeren Religionen, von Bindungen an Dogmen, Riten, Kulte – und wir werden frei von Priestern und Kirchen aus Stein. Unser Bewusstsein erweitert sich. Schritt für Schritt erlangen wir Weisheit, die von innen kommt. Das ist der Wille Gottes – und Seine Kraft kann dann immer stärker in uns einfließen, sodass wir lernen, Seinen Willen mehr und mehr zu erkennen und zu erfüllen.

Das ernsthafte Streben, nach dem Willen Gottes zu leben, führt uns zu der tiefen Erkenntnis: Es gibt keinen Gott der ewigen Verdammnis und des Krieges. Es gibt keinen Rachegott!
Es gibt keinen Gott der äußeren Religionen, wie sie auch heißen mögen. Gott, der Ewige, steht über allen Religionen.

Es gibt keinen Gott der Priester und Bischöfe. Das alles ist Menschenwerk und hat vor Gott, dem Ewigen, den uns Jesus von Nazareth als himmlischen Vater nahebrachte, keinen Bestand.
Es gibt keinen Gott einer Priesterkaste, gleich wie sie sich auch tituliert und welcher Religion sie angehört. Welcher Gott soll denn der wahrhaftige Schöpfergott sein? Der katholische Gott vielleicht, mit seinen Priestern? Oder der lutherische Gott mit seinen Pfarrern und Pastoren? Der orthodoxe Gott wiederum mit seinen Priestern? Welcher?
Äußere Religionen sind von Machthabern, Herrschern und Priestern gewollt, die ihren Obskurantismus, ihre teilweise absurden Theorien, zur Machtausübung über das Volk etabliert haben.

Gott, der Ewige, der All-Geist, das Universale Bewusstsein, ist der Freie Geist, der Schöpfergott, das Leben in allen und in allem, der über allen Religionen steht. Ausnahmslos über allen Religionen!
Er ist der Gott der Liebe und des ewigen Lebens, der freie universale Geist und der himmlische Vater aller Seiner geschaffenen geistigen Kinder.
Wir wissen durch Jesus von Nazareth: Gott ist selbst in jedem Menschen vertreten und zu finden, denn Gott, der Ewige, der All-Geist, ist unser aller himmlischer Vater.

Gott in uns: Das lehrte Jesus von Nazareth! Und so steht es auch in den Bibeln der Kirchen, im Lukasevangelium. Jesus sprach: *„Das Reich Gottes ist inwendig in euch."*

Jesus von Nazareth lehrte die Menschen auch, dass es keine Priester als Mittler braucht, keine Tempel gleich Kirchen aus Stein, keine Dogmen, Zeremonien, Kulte und Heiligen.
Welcher Vater würde sich von Seinen Kindern nicht finden lassen? Hat Jesus von Nazareth uns Menschen nicht aufgefordert: *„Suchet und ihr werdet finden? Klopfet an, und es wird euch aufgetan?"*
Probieren wir es doch einfach einmal aus.

Senden und Empfangen

Die kleinsten Bausteine der Materie lehren uns, dass alles sein Bewusstsein hat und unaufhörlich Informationen empfängt, speichert und sendet. Ein geistig kosmisches Gesetz lautet: Senden und Empfangen. Und diese kleinsten Bausteine der Materie, die Quanten, lehren uns, dass es ein großes universales Bewusstsein gibt, das bis in alle kleinsten Details hinein nach kosmischen Gesetzen absolut perfekt funktioniert.

Diese physikalischen Gesetze sind universell und unumstößlich, und je tiefer viele Physiker sie begreifen, desto klarer und deutlicher kommen sie dem Immateriellen, dem feinerstofflichen Sein, dem, was hinter der Materie steht, dem geistigen All-Bewusstsein, auf die Spur.

Kirchenmänner hingegen beharren bis heute weiterhin, oftmals sogar wider besseres Wissen, auf ihren von sündhaften Menschen erdachten Dogmen und Kirchenlehren, nur um ihre fast 1700 Jahre währende Irreführung der Völker dieser Erde weiter fortzusetzen – und das, wie die Gegenwart zeigt, trotz des sich anbahnenden Untergangs unserer Zivilisation.

Fragen wir uns einmal in dem Bewusstsein, dass wir alle sterben müssen: Was hindert vernunftbegabte Menschen eigentlich daran, sich mit dem Reinkarnationsgedanken zu beschäftigen? Und das, obwohl doch die institutionellen Kirchenkonzerne nur die ewige Verdammnis als Alternative anzubieten haben, und das für alle Menschen, die nicht zu 100 Prozent absolut an all die von sündhaften Menschen erdachten Dogmen und Lehrverkündigungen glauben.

Wir leben ewig!

Doch wie fühlen wir uns im Gegensatz dazu, wenn wir uns einmal grundsätzlich mit dem Gedanken befassen, dass die Seele des Menschen ewig lebt? Es wird für manchen vielleicht ungewohnt sein. Wenn man jedoch betrachtet, was uns die institutionellen Konfessionen zum Leben nach dem Tod anbieten, und wenn man bedenkt, dass Kirchenmitglieder dafür auch noch Kirchensteuer zahlen müssen, dann ist die Alternative einer Reinkarnationslehre – schon rein äußerlich betrachtet – eher human und wohl einiger Überlegungen wert. Zumal sie, wie erwähnt, in vor-katholischer Zeit weltweit verbreitetes Allgemeinwissen war.

Schließlich geht es dabei um nichts Geringeres als um das Leben der Seele, um das ewige Leben, das aus Gott ist. Was die Kirchengeschichte angeht, so kann man sagen, dass gerade in Bezug auf das uralte Menschheitswissen von der Reinkarnation, von der Wiedergeburt der Seelen in das Fleisch, die kirchlichen Geschichtsfälscher über die Jahrhunderte hinweg ganze Arbeit geleistet haben. Es sind leider nur noch Fragmente in verschiedenen apokryphen Schriften zu finden, und nur wenige Stellen in den Bibeln. Aber es gibt sie!

Kapitel 2

Reinkarnation – eine gefährliche Lehre?

Eine „ewige Verdammnis“ gibt es ebenso wenig wie einen „strafenden Gott“. Das stellten wir bereits fest. Was aber nicht heißt, dass jeder von uns tun und lassen kann, was immer ihm beliebt, ohne die Konsequenzen seines Verhaltens tragen zu müssen.

Auch in der Bibel der Kirchen kommt dies unmissverständlich zum Ausdruck: Im Galaterbrief.
Unter Gal 6, 7 lesen wir nämlich: *„Täuscht euch nicht: Gott lässt keinen Spott mit sich treiben; was der Mensch sät, wird er ernten.“*

Hier wird also klar auf das Gesetz von Ursache und Wirkung, von Saat und Ernte hingewiesen. Es bedeutet: Was wir uns in diesem Leben an Schuld, an sündhaftem, allzumenschlichen Verhalten aufladen – also unsere Sünden, die gegen Gott gerichtet sind –, das müssen wir entweder in kommenden Inkarnationen wiedergutmachen oder in den jenseitigen Welten, den Reinigungsebenen, abtragen, indem wir in unserem Seelenleib bildhaft selbst durchleiden, was wir anderen angetan haben.

Der Maßstab, der uns helfen kann, unsere Fehler zu erkennen und zu bereinigen, sind die Zehn Gebote Gottes durch Mose und die Bergpredigt des Jesus von Nazareth.

Reinkarnation: zur Zeit Jesu Volksglaube

Zahlreiche historische Informationen finden wir in dem Buch „Reinkarnation, Eine Gnadengabe des Lebens" (Verlag Das Wort, 2008). Dort heißt es zum Beispiel:
„Der jüdische Religionswissenschaftler Schalom Ben-Chorin schreibt: Der Gedanke der Wiedergeburt ist im Judentum der Zeit Jesus offensichtlicher Volksglaube ... So hielten die Leute Jesus für einen alten Propheten, der wiedergekommen ist." (S. 16)

An der angegebenen Stelle in der Bibel, bei Lukas 9, 8, finden wir die Aussage: *„Andere meinten: Elija ist wiedererschienen. Wieder andere: Einer der alten Propheten ist auferstanden."*
Und unter Lukas 9, 18 ff. ist überliefert: *„Jesus betete einmal in der Einsamkeit, und die Jünger waren bei ihm. Da fragte er sie: Für wen halten mich die Leute? Sie antworteten: Einige für Johannes den*

Täufer, andere für Elija; wieder andere sagen: Einer der alten Propheten ist auferstanden."

Laut Matthäusevangelium nimmt Jesus Bezug darauf: *„Jesus antwortete und sprach zu ihnen: Elia soll ja zuvor kommen und alles zurechtbringen. Doch ich sage euch: Es ist Elia schon gekommen, und sie haben ihn nicht erkannt, sondern haben an ihm getan, was sie wollten. Also wird auch des Menschen Sohn leiden müssen von ihnen. Da verstanden die Jünger, dass er von Johannes dem Täufer zu ihnen geredet hatte."* (Mt 17, 11)

Auch im Talmud, der bedeutenden jüdischen Schrift, welche die Bibeltexte auslegt, finden sich oft aufschlussreiche Notizen, so Schalom Ben-Chorin, *„die auf einen Seelenwanderungs- oder Wiedergeburtsglauben schließen lassen, wie etwa die Bemerkung: ‚Mordechai, das ist Samuel'.*
Hier will gesagt sein, dass der Jude Mordechai, der Onkel der Königin Esther, eine Wiedergeburt des Propheten Samuel war ...". („Bruder Jesus", dtv-TB, München 1977, S. 25)

Oder nehmen wir das Kapitel über die Heilung eines Blinden in der Bibel bei Johannes 9: *„Unterwegs sah Jesus einen Mann, der seit seiner Geburt blind war.*

Da fragten ihn seine Jünger: Rabbi, wer hat gesündigt? Er selbst? Ober haben seine Eltern gesündigt, sodass er blind geboren wurde?"

Auch wenn Jesus in diesem speziellen Fall eine andere Erklärung gab (*„Das Wirken Gottes soll an ihm offenbar werden"*): Auch dieses Geschehen deutet darauf hin, dass die Menschen von der Reinkarnation der Seelen wussten, ja, dass dies zurzeit des Jesus von Nazareth Allgemeinwissen war. Warum sonst die Frage: *„Haben die Eltern gesündigt oder der von Geburt an blinde Mann selbst"*? Wer so fragt, setzt voraus, dass jemand bereits vor seiner Geburt negative Ursachen geschaffen haben könnte, also in einem früheren Leben.

Zahlreiche Belege für die Reinkarnationslehre finden sich in sogenannten apokryphen (verborgenen) Evangelien, die – bezeichnenderweise – nicht in den „Kanon" der kirchlich legitimierten Evangelien aufgenommen wurden. In der Pistis Sophia etwa, einem dieser apokryphen Evangelien, wird berichtet, wie Jesus über die Inkarnation einer Seele in einen neuen Menschenkörper spricht. Dabei trinkt sie, so wörtlich, *„einen Becher mit dem Trunk des Vergessens"*. („Das Evangelium der Pistis Sophia", C.M. Siegert, Hg., Bad Teinach 1991, 2. Aufl., S. 234)

Der Grund ist klar: Der Mensch soll sich auf die Aufgaben in diesem irdischen Leben konzentrieren und nicht durch Erinnerungen an vergangene Erdenleben belastet sein.

Interessant ist auch ein Brief von Hieronymus (345-420), dem Verfasser der kirchlich verbindlichen lateinischen Bibel. Er schrieb über den frühchristlichen Weisheitslehrer Origenes (185-254), dass nach dessen Lehre die Seele des Menschen bei jedem Abstieg auf die Erde ihren Körper „wechselt".

Origenes, der „Diamantene"

Wenn aber die Seele des Menschen wiedergeboren wird, dann kann sie nicht, wie die Kirchenlehre behauptet, erst im Augenblick der Zeugung von Gott geschaffen worden sein. Dann muss sie schon zuvor existiert haben. Auch die Präexistenz der Seelen gehörte folgerichtig zu dem Wissen, das Origenes lehrte. Origenes, auch „der Diamantene" genannt, lebte im zweiten und dritten Jahrhundert in Alexandria. Er hatte Zugang zur dortigen berühmten Bibliothek und somit auch zu alten Texten und Überlieferungen, die später in den Flammen verloren gingen, als die Bibliothek abbrannte.

Bischof Kyrill von Alexandria berichtet: *„Denn er (Origenes) sagt, dass die Seelen vor den Körpern existieren und aus der Heiligkeit [dem Reich Gottes, anm.d.A.] in böse Begierden verfielen und von Gott abfielen; aus diesem Grund habe er sie verurteilt und eingekörpert, und sie seien im Fleische wie in einem Gefängnis."* (Epistula 98, 11, zitiert nach De Principiis I, 8, Anh. I, S. 279)

Und der Patriarch von Alexandria, Theophiles, erklärt die Lehre des Origenes mit den Worten, die Seelen würden *„wiederholt an Körper gefesselt und wieder von ihnen getrennt"*. (Epistula 98, 11, a.a.O.)

Wenn man in den offiziellen Lehrverkündigungen der katholischen Kirche, zum Beispiel bei Neuner-Roos „Der Glaube der Kirche", nach Lehraussagen des Weisheitslehrers Origenes forscht, so findet man die bis heute gültigen Verfluchungen gegen die sogenannten Origenisten. Doch bereits die Datierung dieser Bannflüche belegt, dass bis in das 6. Jahrhundert (!) hinein der Glaube an die Vorexistenz der unsterblichen Seele ein weit verbreiteter Volksglaube war, ja dass ganze Völker und Länder nach dieser geistigen Erkenntnis lebten und dem neu entstehenden katholischen Obskurantismus äußerst ablehnend gegenüberstanden.

Der dogmatische Lehrsatz mit der Randnummer 325 etwa stammt aus der Kirchenversammlung in Konstantinopel des Jahres 543, bei der die geistige Wahrheit der Reinkarnation und der Präexistenz der Seelen schlichtweg verteufelt wurde:
„Wer sagt oder daran festhält, die Menschenseelen hätten ein Vorleben gehabt, d.h. sie seien zuvor Geister und heilige Gewalten gewesen, sie seien aber der göttlichen Anschauung satt geworden, hätten sich dem Bösen zugewandt, seien deswegen in der Liebe Gottes erkaltet, hätten so den Namen ‚Seelen' (= die Kalten) bekommen und seien zur Strafe dafür in die Körper gebannt worden, der sei ausgeschlossen."

„Der sei ausgeschlossen", wörtlich: „Anathema sit", bedeutet: „Der sei verflucht", „der sei in eine ewige Hölle verdammt."

Auf der Kirchenversammlung zu Braga im Jahr 561 wurde folgende Lehre beschlosssen (Nummer 326):
„Wer sagt, die Menschenseelen hätten zuvor in der himmlischen Wohnung gesündigt und seien dafür in menschliche Körper auf die Erde hinabgeworfen worden, wie es priscillianische Lehre ist, der sei ausgeschlossen."

Priscillian (um 340-385) war wie Origenes eine herausragende Gestalt der Spätantike. Er lehrte nicht nur die Reinkarnation, sondern auch die Achtung vor der Natur, den Vegetarismus und die Gleichberechtigung der Frauen. 385 wurde er auf Betreiben der Kirche in Trier hingerichtet – als erster durch die Kirche ermordete „Ketzer".

Die „Wiederherstellung aller Dinge"

Wiederum in Konstantinopel wurde 543 der Glaube an eine ewige Hölle zu den verbindlichen Dogmenlehren des Katholizismus erklärt. Unter Randnummer 891 heißt es in dem Lehrwerk von Neuner und Roos:
„Wer sagt oder glaubt: die Strafe der bösen Geister und gottloser Menschen sei nur zeitlich und werde nach bestimmter Zeit ein Ende nehmen, und dann komme eine völlige Wiederherstellung (Apokatastasis) der bösen Geister und gottlosen Menschen, der sei ausgeschlossen."
Also: Wer die Kirchenlehre einer angeblich unendlichen Verdammnis leugnet, gerade „der sei verflucht", also ewig verdammt. Auch dieser Lehrsatz wendet sich vor allem gegen die damaligen Anhänger des Origenes und Urchristen, welche die

Ewigkeit einer Hölle nicht für wahr hielten. Denn welcher irdische Vater wird auch nur eines seiner Kinder auf ewig in eine Hölle schicken? Warum sollte das dann ausgerechnet der Schöpfergott, der Vater der Liebe, Seinen Kindern antun? Warum soll Gott, die All-Liebe, Seine geschauten und geschaffenen Kinder ewigen Höllenqualen aussetzen? Was wäre Gott, die All-Liebe, dann für ein Gott? Er wäre ein Sadist, ein Teufel, ein primitiver Götze, der sich am Leid anderer erfreut.

„Ewig" – ein kurzes Wort, rasch kommt es über die Lippen. Doch wissen die institutionellen Seelenverführer, die Priester von damals und heute, überhaupt, was das Wort „ewig" bedeutet? Wie wäre es, wenn sie selbst einmal für nur fünf Minuten ihre Finger in die Flamme einer Kerze halten müssten? Möglicherweise wäre dann der eine oder andere Kleriker von der Psychose geheilt, dass es Gottes Wille sei, Menschen und Seelen auf ewig leiden zu lassen.
Solche dogmatischen Glaubenskonstrukte erzeugen bei Menschen Ängste, um sie dann umso besser manipulieren zu können. Durch das Wissen um die Reinkarnation würde dieses Konstrukt jedoch ins Leere laufen – und deshalb wird dieses uralte Wissen um die Reinkarnation bekämpft.

Die verfolgten Nachfolger Christi

Die gerade auch gegen Origenes und die frühen Christen geschleuderten katholischen Verdammungssprüche des 6. Jahrhunderts und weiterer vergangener Jahrhunderte entpuppen sich bei näherem Hinsehen als brutales Machtinstrument, als Ausrottungsalibi, um die Völker unter der Knute eines zur Staatsreligion erhobenen und sich katholisch nennenden Obskurantismus an sich zu binden.

Doch gerade diese kirchlich bis heute verbindlichen Konzilsbeschlüsse zeigen letztendlich, dass durch die Institution katholische Kirche das uralte Menschheitswissen von der Reinkarnation ausgemerzt werden sollte – und das mit äußerster Brutalität, mit Krieg, Folter und Mord, bis hin zur Ausrottung von Abertausenden von Christusnachfolgern, die als Manichäer, Priscillianisten, Origenisten, Katharer oder Bogumilen – wie sie genannt wurden – ebenfalls an die Wiedergeburt glaubten. Hier fanden regelrechte Völkermorde statt durch kirchlich geprägte Fanatiker und deren Mörderbanden, durch hetzende Priester und Inquisitoren. Und mit welchem Ergebnis? Dass am Ende das Wissen um die Wiederverkörperung dem gotteslästerlichen

Albtraum einer ewigen Verdammnis und ewiger Höllenqualen weichen musste.

Wachet auf, ruft uns die Stimme!

Wer die Lehren des Nazareners kennt, der weiß, dass Jesus von Nazareth, der Friedefürst und Pazifist, jegliche Gewalt ablehnte. Daher dient, wer es anders hält, dem Antichristen.
Wo stehen folglich die des Raubes, des Mordes, des Betrugs, der Kriegstreiberei, Sklaverei und diverser weiterer Verbrechen in der Vergangenheit überführten institutionellen Kirchen heute? Stehen sie in der Nachfolge des Jesus von Nazareth? Oder in der Praxis des Mammons, was bedeuten würde: auch des Antichristen?

Was haben die Dogmen gebracht?

Oder anders gefragt: Sind Menschen, Seelen und Völker durch die Dogmen und Lehrsätze der Kirchen Gott nähergekommen? Warum sieht unsere Welt dann so aus, wie sie sich heute präsentiert?
Es geht eben nicht darum, scheinheilige Absichtserklärungen oder Forderungen zu formulieren, dass andere tun sollen, was die Kirchenoberen selbst nicht taten und tun. Sondern es geht darum,

aufzuzeigen, was Jesus von Nazareth lehrte: Wie wir schrittweise das selbstlose Tun erlernen, und zwar in Seinem Geiste, nach den Lehren Seiner Bergpredigt.
Fragen wir weiter: Haben die Menschen durch die Dogmen Kontakt zu dem wahren Gott bekommen? Ist die Menschheit durch die Dogmen und kirchlichen Glaubensartikel friedvoller geworden? Haben diese Lehren bewirkt, dass die Menschen weniger Leid, Not, Armut und Elend erdulden müssen? Haben diese Dogmen und Glaubensüberlieferungen die Reichen, die Machthaber und den Adel – und vor allem die Kirchenführer und Priester – barmherziger gemacht, sodass sie von ihren unermesslichen Reichtümern nicht nur ein paar Almosen den Bedürftigen geben, sondern wahrlich teilen?

Warum ist dann trotz der Dogmen, Riten, Kulte und Zeremonien, trotz Priester, Bischöfen und Papsttum die Welt gerade im Begriff, im Klimakollaps elendig zu Grunde zu gehen? Warum?
Der Volksmund spricht: Was nichts nützt, hat keinen Sinn.

Die Kirchengeschichte zeigt auf, wie rücksichtslos die Lehren des Jesus von Nazareth von einer machtbesessenen Priesterkaste verfälscht wurden, die sich unter dem Namen „katholisch“ gegen das damals lebendig aufblühende Urchristentum formierte und gegen die Lehren des Jesus von Nazareth und Seiner Nachfolger vorging. Denn diese strebten Gleichheit, Freiheit, Einheit, Brüderlichkeit und Gerechtigkeit an – und das war und ist das genaue Gegenteil einer hierarchischen Machtkirche.

Es ging in der Kirchengeschichte primär um die Machtansprüche der Priesterkaste – gegen die Jesus von Nazareth zeit seines Erdenlebens ankämpfte. Und es ging darum, wie diese Machtansprüche gegenüber dem Volk durchzusetzen sind.

Ein Glaube, der krank macht

Die Priesterorganisation unter dem Namen katholisch führte dann auch die Lehre von der angeblich ewigen Verdammnis ein, unter der bis heute noch Millionen Menschen leiden. Ihre Seelen wurden über die Jahrhunderte hinweg vergiftet, weil sie an einen angeblich strafenden Gott glauben mussten und müssen.
Der medizinische Fachbegriff dafür lautet: Ekklesiogene Neurose. Und diese Erkrankung gibt es weit häufiger, als man gemeinhin glaubt, vor allem dort,

wo die kirchlich-institutionelle Lehre Dörfer und Städte prägt und vereinnahmt und die Bürger, sinnbildlich gesprochen, kaum frei atmen lässt.

Im Volksmund würde man sagen: ein Glaube, der krank macht.

Die Lutherkirche übernahm mehr katholisches Gedankengut als landläufig den meisten Menschen bewusst ist, um auch ihre Gläubigen zu knechten, an sich zu binden und in Abhängigkeit zu halten. Denn die Lutherkirche ist letzten Endes nur eine Abspaltung von der katholischen Kirche – also, nach klassischer Definition jedenfalls, eine „Sekte", denn damit wird eine Organisation bezeichnet, die sich laut Duden „von einer größeren Glaubensgemeinschaft oder Kirche abgespalten hat".

Konstantin – Totengräber des ursprünglichen Christentums

Noch einmal zurück zu Origenes, dem charismatischen Weisheitslehrer des frühen Urchristentums: Er versuchte die Lehren des Jesus von Nazareth, die kosmische Wahrheit, in die Zukunft zu retten, so z.B. die Lehre von der Präexistenz der Seelen, oder dass Gott im Urgrund unserer Seele ist und wir somit keiner Priester als Mittler zu Gott bedürfen. Sein Bestreben war, dass die geistige Wahrheit von der Wiedergeburt der Seelen in das Bewusstsein der Menschheit gelangen und sich weltweit ausbreiten könnte. Er starb später an den Folgen der Folter, die er während einer Phase der Christenverfolgung im 3. Jahrhundert erlitten hatte.

Einige Jahrzehnte später wurde dann Konstantin römischer Kaiser, und seit dieser Zeit waren Kaisertum und Katholizismus verbündet. Die Lehre des Jesus von Nazareth wurde immer mehr in ihr völliges Gegenteil verkehrt, und ab dieser Zeit wurden die abscheulichsten Verbrechen, Vernichtungskriege und Massenmorde an Minderheiten als angeblich christlich bezeichnet. Wurden zuvor in den christlichen Urgemeinden keine Soldaten aufgenommen, weil die ersten Christen überzeugte

Pazifisten waren, so änderte sich das in der Folgezeit grundlegend. Es wurde nun Pflicht eines Kirchenchristen, im Heer zu dienen. Das Christentum wurde zur Staatskirche entstellt. Danach ging es der neuen Machtkirche, die nun mit den Staatslenkern kooperierte, um die Ausrottung von allem, was sich nicht dem neuen obskuren katholischen Weltbild unterordnete.

Die Schriften des großen urchristlichen Weisheitslehrers Origenes waren gegen Ende des 4. Jahrhunderts bereits verfälscht und wurden zudem von katholischen Kirchengeschichtsschreibern systematisch vernichtet.

Das ist Kirchengeschichte! Auch das ist die Saat der katholischen Kirche, die im Klimakollaps ihre Ernte finden wird.

Im Jahr 543 dann, fast 300 Jahre nach dem Tod des Origenes, ließ Kaiser Justinian dessen Lehren verdammen, was bis heute in den katholischen Dogmen und Verdammungsurteilen nachzulesen ist.

Die Weisheit der Himmel klärt auf

Doch die Wahrheit der Himmel kann nicht auf Dauer zum Schweigen gebracht werden. Viele Menschen spüren, ahnen und erfassen: Die Menschheit lebt in einer Zeitenwende.

Immer mehr Menschen erwachen geistig und wenden sich von dem institutionellen Hokuspokus ab. Viele geistig gereifte Menschen öffnen sich für die Botschaften und Offenbarungen aus der geistig-göttlichen Welt.
Durch die weltweit bekannte Prophetin und Botschafterin Gottes in unserer Zeit, Gabriele, offenbarte Christus selbst in Seinem großen Offenbarungswerk „Das ist Mein Wort, A und Ω, Das Evangelium Jesu. Die Christus-Offenbarung, welche inzwischen die wahren Christen in aller Welt kennen“ Folgendes zur Wiedergeburt und zur Reinkarnation:
„Solange die sündhafte Welt besteht und Seelen im Rade der Wiedergeburt leben, werden Einverleibungen von weltverhafteten Seelen noch möglich sein. Sie legen ihre alten Kleider, die alten Körper, ab und schlüpfen wieder in neue Kleider, in neu geborene Leiber. Sie bringen jedoch in das neue Kleid immer wieder das Sündhafte mit, das sie sowohl in den vorhergehenden Einverleibungen als auch in

den Stätten der Reinigung nicht getilgt haben. Eine Seele kann so lange nicht in höhere und lichte Reiche eingehen, bis sie durch Buße, Vergebung, Bitte um Vergebung und durch Bereinigung das getilgt hat, was sie sich auferlegt hat.
Wenn im Laufe der Zeitenwende – die sich über große Zeiträume erstreckt – eine Seele nicht im Erdenkleid bereinigt, was sie sich auferlegt hat, wird sie danach nicht mehr zur Einverleibung gehen können. Als Seele muss sie dann in den Seelenreichen das erdulden, was sie im Erdenkleid eventuell in Jahren hätte bereinigen können. Denn ihr ist kein neuer Körper mehr beschieden, weil sodann das Licht auf der Erde wohnt und die Schatten dort vorerst keinen Zugang mehr haben." (S. 159 f.)

Und an anderer Stelle heißt es über Tod, Wiedergeburt und Leben:
„Ich, Christus, erkläre, berichtige und vertiefe das Wort:
Wer in der Sünde stirbt, der wird keine Ruhe haben, weil spätestens in den Stätten der Reinigung die Sünde zum bohrenden Schmerz wird.
Hat die Seele in dieser Einverleibung ihre mitgebrachten Sünden nicht getilgt, sondern auf ihnen weiter aufgebaut, dann haftet sie weiter am Rad der Wiedergeburt und wird von ihm in eine nächste

Einverleibung gezogen, da sie sich wegen der Belastung, wegen der Sünde, nicht erheben konnte. Jede Sünde wird nach vorgegebenen Gesetzen reif und drängt dann zur Tilgung. Solange die Seele am Rad der Wiederverkörperung haftet, zieht es sie auch wieder auf die Erde, weil sie dort die Möglichkeit hat, in Kürze das zu bereinigen, was noch erdschwer, also erdverwurzelt ist.
Eine Seele kann mehrere oder gar viele Einverleibungen hinter sich haben. Das kann sich so lange fortsetzen, bis alle die Sünden getilgt sind, welche die Seele immer wieder zur Erde ziehen, weil sie noch erdverwurzelt ist.
Bricht in den Stätten der Reinigung eine Seelenschuld auf, dann kann das für die Seele ein „Feuerofen" sein, in dem sie schmachtet. Viele Seelen erkennen in der Glut der aufgebrochenen Sünde – welche die Seele so schmerzt wie den Menschen die Wunden am physischen Leib schmerzen –, dass sie erneut die Möglichkeit hätten, als Mensch auf Erden diese Schuld abzutragen und ebenso weitere Sünden, die noch latent liegen. Sie erfahren von Lehrengeln, dass in einer weiteren Einverleibung die Möglichkeit besteht, die Belastungen der Seele rascher und leichter abzutragen und sich von dem Leid, das durch die Sünde entstanden ist, schneller zu befreien.

Wieder andere Seelen gehen durch viele Zeiträume, kommen in das Erdenkleid und gehen wieder – kommen und gehen wieder. Viele von ihnen belasten sich immer wieder aufs Neue, weil sie weder in den Reinigungsebenen noch im Erdendasein gewillt sind, ihre Sünden zu erkennen, als ihre Schuld anzuerkennen, zu bereuen und nicht mehr zu sündigen. Das sind häufig diejenigen, welche über jene Menschen Übles reden, die sich bemühen, Gottes Willen zu erfüllen.

Wer über lange Zeiträume hinweg in der Sünde lebt, ist weit entfernt vom Licht – und ist letztlich wider das Licht, da für ihn der Schatten die Heimat ist. Das sind dann auch solche Seelen, die im Erdenkleid jenen Menschen immer wieder nachstellen, denen sie schon in vergangenen Zeiten Übles angetan haben. Auch über ihre Entsprechungen können die Verfolger diejenigen erkennen, die sich bemühen, die Schatten – ihre Sünden – mit Christus zu bereinigen.

Erkennet: Viele einverleibte Seelen, also Menschen, begegnen im Diesseits in anderen Menschen ihren Opfern aus vergangenen Zeiten. Damit wird ihnen die Möglichkeit zur Erkenntnis und zur Umkehr gegeben.

Der eine erkennt, bereut und geht als Seele allmählich ins Leben ein und kommt nicht wieder.

Die andere Seele kommt wieder in ein Erdendasein, weil sie die Vorinkarnationen nicht genutzt und sich erneut versündigt hat.
Erkennet: In den Seelenreichen erleben die Seelen ihre Sünden als Feuer im Seelenleib, wenn die Ursachen, die Sünden also, aktiv werden; es ist ähnlich wie im Erdendasein, wenn die Ursachen zur Wirkung kommen und der Mensch Schicksale und Krankheiten zu erdulden hat. In den Stätten der Reinigung jedoch erlebt die Seele die Wirkungen der Sünden viel leidvoller, als wenn sie diese als Mensch im Erdendasein abzutragen und zu erdulden hat. Denn wer im Erdenkleid bereut und sich bemüht, seine Sünden Mir, dem Christus, zu übergeben und sie in Mir zu belassen, wer in Mir lebt und nicht mehr sündigt, der geht ein in das ewige, reine, geistige Leben. Für ihn dreht sich das Rad der Wiederverkörperung nicht mehr. Er ist entbunden von Tod und Geburt, weil die Seele wieder das Wesen aus Gott geworden ist und im Mittelpunkt lebt, in Gott.“ (S. 754 ff.)

Der Glaube allein genügt nicht!

Wenn man darum weiß, dass die Seele des Menschen ewig lebt und vielfach in einem neuen Menschenkörper zurück auf die Erde kommt, um wieder gutzumachen, zu bereinigen, was sie sich an Sündhaftem selber auferlegt hat, wird es mehr als deutlich, wie meilenweit sich die institutionellen Kirchen von den ehernen Gesetzen Gottes, den Zehn Geboten und der Bergpredigt Jesu, entfernt haben. Hat man sich da etwa einfach dreist das Mäntelchen christlich umgehängt, um allzu leichtgläubige Menschen, die sich nicht trauen, dies zu hinterfragen, an sich zu binden?

Jesus von Nazareth lehrte, dass der Glaube allein nicht genügt. Er sprach sehr deutlich vom Haus auf dem Felsen:

„Wer diese meine Worte hört und danach handelt, ist wie ein kluger Mann, der sein Haus auf Fels baute. Als nun ein Wolkenbruch kam und die Wassermassen heranfluteten, als die Stürme tobten und an dem Haus rüttelten, da stürzte es nicht ein; denn es war auf Fels gebaut.

Wer aber meine Worte hört und nicht danach handelt, ist wie ein unvernünftiger Mann, der sein Haus auf Sand baute. Als nun ein Wolkenbruch kam und die Wassermassen heranfluteten, als die Stürme tobten und an dem Haus rüttelten, da stürzte es ein und wurde völlig zerstört.“ (Mt 7,24 ff.)

Und was wäre, wenn der Glaube allein genügen würde? Dann bräuchte es auch keine Priester, keinen Papst, keine Kirchen aus Stein, keine Zeremonien, Dogmen, Riten und Kulte. Dann könnte jeder ja einfach nur glauben. Doch an wen sollen die Menschen dann eigentlich glauben: an Gott oder an die Kirche mit ihren Priestern, Pfarrern, Pastoren und Theologen? Mit ein wenig Herz für Christus kann jeder erfassen: Die Kirchenlehren führen sich selbst ad absurdum.

Im Grunde genommen soll jeder glauben, was er will. Doch wenn Institutionen nicht nur ihre Gläubigen in die Irre führen, sondern über längere Zeiträume durch ihre dogmatischen, die Gesellschaft prägenden Glaubensinhalte der Mutter Erde Schaden zufügen, bis hin zum Klimakollaps, dann werden Nachfolger des Jesus von Nazareth diese Irreführung der Völker beim Namen nennen. Denn Nachfolger des Jesus von Nazareth sind für das Leben.

In unser aller Leben geschieht in jedem Augenblick irgendetwas. Schauen wir bewusst hin! Wenden wir uns auch nicht von dem Unguten ab, das tagtäglich

geschieht, und denken wir über den Klimawandel und seine Auswirkungen nach, über den von den Kirchen abgesegneten selbstzerstörerischen „Irrsinn“, den wir Menschen weltweit betreiben.
Machen wir uns bewusst: Die von den Kirchen über Jahrhunderte verordnete Auslegung des Bibelwortes *„Macht euch die Erde untertan!“* führt in Richtung Untergang der Menschheit.

Man kann auch sagen: Das bestialische Verhalten der Menschheit gegen die Tiere und gegen die Natur ergibt im Endergebnis den Klimakollaps. Und dieses Verhalten ist in breiten Teilen unserer westlichen Zivilisation stark durch priesterliche Indoktrination gesteuert oder zumindest beeinflusst.

„Gott lässt Seiner nicht spotten. Was der Mensch sät, wird der Mensch ernten!“ Diese Worte sind vom Apostel Paulus überliefert.

Eine naturverachtende Lehre

Der Klimawandel hat also seinen Ursprung in der lebens- und naturverachtenden Lehre der katholischen Kirche, die über die Jahrhunderte dem Volk mit Feuer und Schwert eingebläut wurde.
Dazu gehört z.B., alle Tiere ausschließlich dem sogenannten „Nutzen" der Menschen zu unterwerfen, was bedeutete und bedeutet: dass der gewissenlose Ego-Mensch, der seinen Vorteil und Profit gegen die weisen Naturgesetze und das Wissen um die Einheit allen Lebens durchsetzen will, sich zu diesem Zweck auch der Tiere „bedienen" dürfe. So wie es im Katholischen Katechismus unter Nr. 2417 heißt: *„Somit darf man sich der Tiere zur Ernährung und zur Herstellung von Kleidern bedienen ... Medizinische und wissenschaftliche Tierversuche sind in vernünftigen Grenzen sittlich zulässig."*
Und wer sich gegen die Kirche auflehnte, wurde über viele Jahrhunderte verfolgt und ausgemerzt. Er galt z.B. bereits als verdammt, wenn er – wie es die Randnummer 408 bei Neuner und Roos aufzeigt – der Auffassung war: *„Wer sagt oder daran festhält, der Himmel, die Sonne, der Mond, die Sterne ... seien irgendwelche beseelten oder vernunftbegabten Kräfte, der sei verdammt."*
Und dieser Lehrsatz hat bis heute Gültigkeit.

Doch wer denkt, dass irgend jemand von politischer und von kirchlich-institutioneller Seite die Verantwortung für die zukünftigen Milliarden von Opfern des Klimawandels übernehmen würde, der kann lange warten.

Nur wenige mutige Wissenschaftler finden dazu deutliche, passende Worte, die dem Ausmaß der menschlichen Super-GAU-Tragödie gerecht werden. Vieles wäre zu verhindern gewesen, aber Politik und Wirtschaft haben die Warnungen und das drohende globale Unheil mehrheitlich ignoriert oder verharmlost.

Wenn auch allmählich die Zahl der Menschen wächst, welche die Tragweite des sogenannten Klimawandels erfassen, so sind es nur sehr wenige unter den Spitzenpolitikern oder in höheren Ämtern, die sich überhaupt trauen, diese kommenden apokalyptischen Katastrophen beim Namen zu nennen, welche wohl den Großteil der Menschheit das Leben kosten werden.

Von den eigentlichen Verursachern, deren Institutionen über Hunderte von Jahren die ethischen und moralischen Werte des Volkes bestimmten, hört man dazu kaum etwas.

Sollte man sagen: Typisch katholisch und lutherisch? Die Verantwortung für das von den Kirchen verursachte Leid wurde schon immer auf andere abgeschoben oder unter den klerikalen Teppich gekehrt, oftmals aber auch dem willfährigen Büttel Staat aufgelastet – und durch Geschichtsklitterung vertuscht.
In Anbetracht der Milliarden Opfer und der Zerstörung der Mutter Erde sei folgende Frage erlaubt: Wer nennt eigentlich die Namen derer, die in den Kirchen, in der Politik und in der Wirtschaft für die Zerstörung der Umwelt die Weichen stellten und stellen – und dadurch letztlich verantwortlich zeichnen für die ungezählten Opfer unter Mensch, Natur und Tieren, für die unwiderrufliche Zerstörung unserer Lebensgrundlagen?

Wer war es gestern? Wer ist es heute? Wer hat jegliche staatliche und gesellschaftliche Gewalt gegen Natur und Tiere fortwährend befürwortet und gesegnet?
Waren das etwa nicht auch Gestalten wie die angeblich heiligen Kirchenlehrer Augustinus oder Thomas von Aquin, die den Menschen von der übrigen Natur isolierten und die lehrten, dass der Katholizismus mit Zwang und brutaler Gewalt durchgesetzt werden müsse?

Wie sagte schon der französische Philosoph Claude Adrian Helvétius: *„Wenn man ihre Heiligenlegenden liest, findet man die Namen von tausend heiliggesprochenen Verbrechern!“*

Kein Problem?!

Nichts auf dieser Erde geschieht zufällig. Für alles, was hier auf Erden geschieht, gibt es irgendwo irgendjemanden, der dafür verantwortlich ist, dessen Streben und Wollen dahinter steht, dessen Interessen und Gewinnsucht, dessen Machtwahn und Geldgier der Motor für die verschiedenen Ereignisse sind, für die man über die Leichen von Menschen, Tieren und der ganzen Natur geht. Der Charakter dieser Verantwortlichen scheint psychisch belastet. Denn mit bestimmten negativen Eigenschaften und Prägungen ihrer Persönlichkeit scheinen sehr viele kein Problem zu haben:
Unbarmherzigkeit – kein Problem.
Skrupellosigkeit – kein Problem.
Kaltherzigkeit – kein Problem.
Lieblosigkeit – kein Problem.
Charakterlosigkeit – kein Problem.
Gewissenlosigkeit – kein Problem.
Sich trotzdem „christlich“ nennen – kein Problem.

„Kein Problem“ – diese Haltung gilt im Besonderen auch für den Klimakollaps und die damit verbundene weitestgehende Vernichtung des Lebens auf dieser Erde – und das schon recht bald.

Dass zumindest die verantwortlichen Eliten in Kirche, Politik und Wirtschaft sich der Wirkungen der von ihnen gesetzten Ursachen bewusst sind, ist anzunehmen. Somit nehmen sie bewusst in Kauf, dass der Klimakollaps die Oberfläche der Erde weitestgehend zur Wüste machen wird, und die menschliche Zivilisation, falls sie überhaupt in der heutigen Form überleben wird, für Tausende von Jahren zurück in die Steinzeit befördert wird.

Die Zerstörung und die Vergiftung der Umwelt, der Natur mit allem, was in ihr lebt, nimmt mittlerweile derart verheerende Ausmaße an, dass es nur noch eine Frage der Zeit ist, bis alles kollabiert. Die Frage ist längst nicht mehr ob, sondern: wann?
Werden es noch 10 Jahre, 20 Jahre oder 100 Jahre sein? Viel länger wird es mit dieser Menschheit nach heutigen Prognosen wohl kaum gehen.

„Was der Mensch sät, das wird er ernten.“ Das bedeutet konkret: Auch die Vergiftung der Erde, der Ackerböden, der Wälder, der Nahrung, der

Atmosphäre, der Luft, die wir atmen, der Flüsse, der Seen und Meere, des Grundwassers, auch die atomare Verstrahlung, alles, was wir an Giften produzieren und an die Umwelt abgeben, alles kommt auf die Menschheit zurück. Auf uns, auf unsere Kinder, auf uns alle.

Pessimistische Zeitgenossen behaupten sogar: Ehe uns der Klimakollaps wirklich das Fürchten lehrt, hat sich die Menschheit schon beinahe selbst vergiftet. Auf jeden Fall sind wir auf dem beschleunigten Weg dorthin.
Milliarden von Menschen werden künftig durch die heutige globale Umweltpolitik, die diesen Namen kaum verdient und die noch immer der Wirtschaftspolitik hoffnungslos untergeordnet ist, die Lebensgrundlagen genommen – und vielen auch das Leben.

Schauen wir in die Gesichter derer, die in den Nachrichtensendungen dieser Welt immer wieder den Ton angeben, dann kann man ermessen, wer für das kommende Szenario mitverantwortlich ist. Das Ganze wird heute meist noch lapidar und völlig verharmlosend „Klimawandel“ genannt. Das Wort Klimakollaps gibt es bis heute [2014] noch in keinem Lexikon.

Eines steht fest: Die Zerstörung der Umwelt ist nicht als Strafe von Gott gesandt, denn Gott straft nie, sondern sie ist das Ergebnis von Raubtierkapitalismus und fortwährender Schändung der Natur und der Tiere, mehr oder weniger abgesegnet von den institutionellen Kirchen. Auch wenn sich der eine oder andere selbst „Stellvertreter Gottes auf Erden" nennt – Christus hätte so ein Verhalten nie gutgeheißen.

Doch all das betrifft nicht erst unsere Ururenkel, sondern bereits die jetzt lebenden Generationen. Die Sahelzone von heute ist die Zukunft von Europa und Amerika, von Asien und ganz Afrika. Die Sahelzone von heute, das ist die geopolitische Zukunft dieser Welt. Doch das ist erst der Anfang. Es steht zu befürchten, dass es noch um Vieles schlimmer kommen wird.
Um dies festzustellen, braucht man kein Weltuntergangsapostel zu sein. Es genügt, die Meldungen internationaler Presseagenturen zusammenzufassen und deren Inhalte, was die Zukunft angeht, in klare und deutliche Worte zu fassen. Mehr nicht.

Um uns die katastrophale Lage der Menschheit noch einmal deutlich zu machen, sei folgende bildhafte Aussage erlaubt:

Die gesamte Menschheit sitzt auf einem dünnen Ast, auf dem alle miteinander äußerst geschäftig und fleißig Handel treiben und dabei sägen, fräsen, bohren, sprengen und vergiften, ausrotten und vernichten. Was wir dabei aber völlig ignorieren: Nur noch der allerletzte Rest der Rinde trägt den Ast, auf dem wir alle sitzen – für sehr kurze Zeit. Und dieser Rest der Rinde wird von der Priesterkaste gesegnet. Was wird es helfen?

Wer ist die „Hure Babylon"?

Die institutionellen Amtskirchen, die Jesus von Nazareth nie wollte, haben nicht nur völlig versagt und diese Welt nicht besser gemacht, im Gegenteil: Sie haben großen Anteil am Zustand dieser Welt und dieser Weltordnung.
Zu ihren schweren Vergehen zählt auch, dass sie bis heute die Gültigkeit des ehernen Kausalgesetzes leugnen, welches lautet: *„Was der Mensch sät, das wird er ernten."* Obwohl es in ihrer eigenen Bibel steht, wird von ihnen behauptet, dass dieses Gesetz sehr oft nicht gelte. Vieles Negative wird stattdessen einem angeblichen Geheimnis Gottes zugeschrieben.

Somit stellt sich unwillkürlich die Frage: Wer ist die Hure Babylon, die im Neuen Testament in der Offenbarung des Johannes erwähnt wird? Über sie wird gesagt, dass das Wort „Geheimnis“ auf ihrer Stirn geschrieben steht und sie die Völker verführte. Wer ist also die Hure Babylon?

Kapitel 3

Keine Zeit für Illusionen!

Klare Worte deutlich auszusprechen, ist nicht nur angebracht, sondern höchste Zeit. Denn durch den Klimawandel werden ungezählte Menschen auf allen Kontinenten alles verlieren – und sehr viele auch ihr irdisches Leben.

Doch was geschieht mit den Seelen, die hinübergehen? Viele werden auch als Seelen an den Obskurantismus gebunden bleiben, den ihnen die abendländischen Glaubensinstitutionen aufgezwungen haben. Obskurantismus – laut Duden bedeutet dies, wie gesagt: das Bestreben, die Menschen bewusst in Unwissenheit zu halten, ihr selbstständiges Denken zu verhindern und sie an Übernatürliches glauben zu lassen. Und dazu gehört auch der kosmische Betrug an den Seelen der Menschen, der darin besteht, dass ihnen das Wissen von der Reinkarnation und der Unsterblichkeit der Seelen bis heute vorenthalten wird.

Es geht also um unser aller Leben und um das Leben unserer Seelen in den jenseitigen Bereichen, dem sogenannten Jenseits. Und da scheint es mehr als angebracht, deutliche Worte auszusprechen, gerade in Anbetracht der Tatsache, dass der Klimawandel unumkehrbar ist. Denn die Erde wird weitestgehend zur Wüste werden – und das zweifelsohne schon sehr bald.

Namhafte, unabhängige Wissenschaftler, Politiker und Autoren haben in verschiedensten Veröffentlichungen klare Aussagen zum Klimawandel getroffen, die in der Presse mit etlichen Fakten und Statistiken untermauert wurden.
Dass dennoch von den Mächtigen dieser Welt und auch den zuständigen Entscheidungsgremien weder ein wirkliches Umdenken noch entschiedenes Handeln zu beobachten ist, offenbart das völlige Versagen der sogenannten kirchlichen, politischen und wirtschaftlichen Eliten.
Es ist auch Ausdruck des zunehmenden Verfalls ethischer und moralischer Werte in unserer Gesellschaft, die ihren Entscheidungsträgern größtenteils hörig zu sein scheint.

Man kann davon ausgehen, dass der wirkliche Stand der Dinge den politisch Verantwortlichen, den sogenannten Eliten, den Mächtigen und Superreichen, also den „Macher-Clans“, weltweit auch bewusst sein dürfte.

Ist es Lobbyismus, ungenügendes Wahrnehmungsvermögen, mangelhafte Intelligenz, Ignoranz, beziehungsweise Arroganz oder pures Egomanentum, die Gier nach Macht und Geld –, was solche Unbarmherzigkeit der Mutter Erde und ihren Bewohnern gegenüber hervorbringt? Wenn man sich vergegenwärtigt, dass viele Verantwortungsträger auf die Verfassungen ihrer Länder geschworen haben, in denen es sinngemäß heißt, man solle Schaden vom Volke abwenden, dann ist es durchaus gerechtfertigt, in diesem Zusammenhang von Verantwortungslosigkeit und vielleicht unbewusster Brutalität zu sprechen, jenseits jeglicher Moral und Ethik.

Warum wird die Mehrheit der verantwortlichen Weltgestalter eigentlich noch vom Volk gewählt, wenn die meisten der hauptverantwortlichen Politiker dem weltweiten Untergang, dem milliardenfachen Massensterben, Artensterben genannt, überwiegend teilnahmslos und verantwortungslos gegenüberstehen? Unnützes Gerede und Appelle auf Konferenzen helfen dem Klima und den Menschen nicht.

Ähnliches gilt auch für die institutionellen Glaubensverwalter katholischer und lutherischer Prägung, die bis heute ihren angeblich ethischen und moralischen Führungsanspruch nicht aufgegeben haben. Die Kleriker stehen nun vor einem globalen Scherbenhaufen mit Namen Klimakollaps und wollen plötzlich von „Führungsanspruch" nur noch bedingt etwas wissen.

Doch was lief denn in den vergangenen Jahrhunderten ab?
Von wem wurde die Menschheit im Abendland geprägt?
Wer hat gerade in Europa über die Jahrhunderte unter Androhung von Folter und ewiger Verdammnis bestimmt, was gedacht werden darf und was nicht?
Wer hat über die Jahrhunderte die Eltern indoktriniert und selbst den kleinsten Kindern die Beichte abgenommen? Welcher massive Druck wurde hierbei ausgeübt? Denn welcher Institution würde man freiwillig seine minderjährigen Kinder ausliefern, wo sie ausgefragt und unter Umständen indoktriniert werden?

Nach mir die Sintflut?

Jeden Tag greift das Sterben der Natur und unzähliger Tiere durch die Auswirkungen des Klimawandels immer weiter um sich. Wird der Mensch davon verschont bleiben?

Die bevorstehenden, von Menschen gemachten und fast alles vernichtenden Naturkatastrophen werden von vielen Massenmedien einfach weit in die Zukunft verlagert, nach der anscheinend bewährten Methode: „Nach uns die Sintflut: Kopf in den Sand stecken, eigene Pfründe sichern, erst mal abwarten und, wo immer es geht, Unwahrheiten verbreiten."

Das ist offenbar die internationale klimapolitische Devise, denn außer den kaum mehr glaubhaften Absichtserklärungen zum Klimawandel ändert sich ja faktisch nichts. Worthülsen reihen sich an Worthülsen.
Unverblümt machen heute noch Manager der Ölindustrie Werbung für ungebremsten Handel mit fossilen Brennstoffen und stellen ganz offen seriöse Prognosen zum Klimawandel in Zweifel. Man darf vermuten, dass es sich hier um Lobbyarbeit für Industrie und Börse handelt.

All das geschieht tagtäglich, obwohl jedem bewusst sein müsste: Den Klimawandel kann man nicht einfach aussitzen oder schnell einmal weglügen, denn er wird einigen Prognosen zufolge Jahrtausende dauern. Und der Klimakollaps wird unwiderruflich für immer alles Leben auf dieser Erde verändern. Daran ist bereits nichts mehr zu rütteln. Die Zwei-Grad-Grenze der Erderwärmung wurde schon vor Jahren zu Gunsten der Börsengewinne verzockt.

Völlige Verantwortungslosigkeit auf höchster Ebene ist an der Tagesordnung. Auch wenn es zurzeit wieder heißt: *„Das Zwei-Grad-Ziel müssen wir unbedingt halten."* Wer genauer hinschaut und hinhört, der könnte darauf antworten: „Wer's glaubt, wird selig!"

Es hat den Anschein, als ob ein Großteil der Menschheit heute moralisch degeneriert und orientierungslos dahinlebt, mit einer selbstzerstörerischen Einstellung, nach dem lethargischen Motto:
Solange wir selbst nicht von den Fluten fortgespült werden oder die Lava uns nicht alles nimmt, solange nicht die Dürre alles Leben rings um uns vernichtet, wird die Natur weiter geschändet. Solange die Stürme nur die Häuser der Nachbarn zerstören oder die Erdbeben andere Länder dem Erdboden

gleichmachen, solange nicht eisigste Winterstürme vielerorts das Leben zum Überlebenskampf werden lassen oder wir nicht selbst unter den Umweltgiften grausam zu Grunde gehen, solange wir also nicht selbst höchst persönlich von den apokalyptischen Klimawandel-Szenarien betroffen sind – wird weltweit weiterhin abkassiert, wird die Natur malträtiert, werden die Tiere gequält, geschlachtet und verzehrt.

Der Tierkannibalismus des Menschen und die damit verbundene Genusssucht ist vielerorts zum Maß aller Dinge verklärt worden, obwohl gerade der Massenmord an diesen wehrlosen Geschöpfen und die mit der Massentierhaltung einhergehende Umweltzerstörung einen Großteil der Ursachen für den Klimakollaps ausmacht. Übrigens wird auch dieses Verhalten seit Jahrhunderten von den Kirchen entweder stillschweigend geduldet oder gar öffentlich abgesegnet. Große Kirchenfeste waren seit jeher auch große Schlachtfeste.

Brot und Spiele sind auch keine Lösung

Die Menschheit allgemein befindet sich ganz offensichtlich auf einem noch nie da gewesenen ethischen und moralischen Tiefstand und vergewaltigt fortwährend das Leben auf, in und über der Mutter Erde, sozusagen „auf Teufel komm raus“, während selbstherrliche Weltenlenker, die sogenannten Eliten, die Kursgewinne der Internationalen Börsen im Auge haben. Und der Teufel wird rauskommen, das ist sicher – und er wird sich Klimakollaps nennen.

So mancher denkt vielleicht: „Doch was kümmert es mich, wenn einige hundert Kilometer weiter die Menschen in Elend und Leid, durch Kriege und Krankheiten zu Hunderttausenden umkommen? Mir geht es noch einigermaßen gut.“ Doch die Frage ist: Wie lange noch?

Manch anderer denkt vielleicht: „Ein paar Hundert Millionen Tote durch den Klimawandel – das sind schon viele. Doch so lange es nicht mitten in Europa ist, haben wir Glück, denn es betrifft uns dann ja nur indirekt und braucht uns nicht zu beunruhigen.“ Und ein anderer denkt vielleicht: „Ich lenke mich mit Sport und Musik von den Problemen dieser Welt ab, so lange es mir möglich ist. Ich will feiern und Party machen und die Genüsse dieser

Welt auskosten, bis das Kartenhaus Welt zusammenbricht. Ändern kann ich sowieso nichts, und ob nach dem Tod noch etwas kommt, das weiß eh keiner."
Ein weiterer Mitmensch träumt von Ruhm und gigantischen Gewinnen, um dadurch zu allen Lastern und Leidenschaften Zugang zu haben.
Ist das alles? Sind das die Werte dieser Weltordnung? Sind das die Werte der zurzeit lebenden Generationen, denen es noch einigermaßen gut geht? Sind das die Werte, für die wir unsere Kinder erziehen? Sonst nichts?
Werden deshalb Kriege geführt und die Erde vollkommen zerstört?

Was der Mensch sät, wird der Mensch ernten. „Ich, ich, ich, alles nur für mich!" Gerade auch diese Grundeinstellung führt in den Untergang der Menschheit.

Da brauchen wir aber nicht nur auf die superreichen Macher, die sogenannten Eliten, auf die manipulierenden Institutionen und die korrupten Lobby-Politiker schauen: Gerade auch einmal an die eigene Nase gefasst – das wäre für jeden angesagt.
Es liegt auf der Hand: Diese Weltordnung wird zusammenbrechen, und das schon sehr viel früher,

als viele es wahrhaben wollen. Brot und Spiele – das hat bereits im alten Rom lange funktioniert, bis das dekadente Reich dann doch zerfiel. Brot und Spiele – das steht heute für: „Internet und Sport“. Doch nach dem Leben beginnt das Überleben. Diesmal geht es um nichts weniger als das globale Überleben von allen Menschen, von allen Tieren und allen Pflanzen.

„Die Erde ist sowieso schon überbevölkert.“ So oder ähnlich zynisch wird sehr wahrscheinlich in so manchen Elitekreisen gedacht. Das könnte man jedenfalls vermuten. Sonst wäre diese Welt nicht so, wie sie ist – oder?

Die viel beschworene weltweite politische Entschlossenheit zur Rettung des Klimas und des Lebens auf dem Planeten Erde – ist das nicht nur eine vordergründige Effekthascherei, letztlich ein Manöver, das nichts bringt außer die Völker so lange, wie es irgend möglich ist, ruhig zu halten?

Buckelt die politische Elite nicht in ausgesprochen selbstsüchtiger Weise vor der wirtschaftlichen Elite, vor den Lenkern der Börsen, und biedert sich ihnen an, um einige Brosamen vom Tisch der Superreichen zu erhaschen?

Geld regiert die Welt – aber wie?

Allein die Länder der Europäischen Union waren Ende März 2014 laut Presseberichten (z.B. *Die Welt*, 22.7.2014) mit 11,5 Billionen Euro verschuldet, wovon 2,14 Billionen Euro auf Deutschland fallen. Dafür müssen Zinsen gezahlt werden. 11,5 Billionen, das ist eine Summe von 11 500 Milliarden Euro. Bei durchschnittlich 5% Zinsen entspricht das 575 Milliarden Euro Zinsen pro Jahr, die anonym bleibende Geldbesitzer von den Zins und Zinseszins zahlenden Bürgern der europäischen Länder abzocken. Vor einigen Jahren waren Verträge mit solchen Zinssätzen noch durchaus üblich und die Verträge oft langfristig.

Wer überhaupt kann solch riesige Summen verleihen, um derart viel Zins zu kassieren? Wieviel Grundkapital benötigt man, um solch riesige Zinsgewinne zu erzielen? Diese Eliten müssen wahrlich Vermögen haben, die alles in den Schatten stellen, was sich ein normaler Mensch unter dem Mammon vorstellen kann.

Wenn steinreiche Eliten also Hunderte von Milliarden Euro pro Jahr an Zinsen kassieren und gleichzeitig nicht in der Lage sind, das Leid und die Not auf dieser Erde nachhaltig zu lindern und politische Lösungen zur Besserung des millionenfachen Siechtums zu schaffen, so darf man annehmen, dass dies auch gar nicht gewollt ist. Offenbar haben solche Kreise ganz andere Ziele, auch wenn einige davon sich sogar christlich nennen. Christlich ist das aber auf jeden Fall nicht. Das belegt schon ein Blick in die Bibel der Kirchen.

Anzunehmen ist, dass dieser antichristliche, Hunderte von Milliarden schwere Zinsverdienst Jahr für Jahr unter verschiedene anonyme Aktienpakete von irgendwelchen Banken, Versicherungen, Aktiengesellschaften, Finanzfonds und anderem mehr aufgeteilt wird, deren Besitzer und Anteilseigner vor allem aus wenigen superreichen Familienclans kommen. Vornehm heißt das dann: Hochfinanz.

Inwieweit die ebenfalls milliardenschweren Kirchen da beteiligt sind, ist nicht das Geheimnis Gottes, sondern wird verschleiert durch die Weigerung der Kirchen, ihre Vermögensverhältnisse und ihre Bilanzen vollständig offen zu legen, auch die ihrer Stiftungen, von denen es Tausende gibt, sowie deren Verflechtungen.

„Wem gehört Deutschland?“

In dem *Spiegel*-Bestseller von Jens Berger „Wem gehört Deutschland?“, erschienen 2014 im Westend Verlag, heißt es auf Seite 103:

„Wussten sie schon? 1318 Unternehmen kontrollieren 80 Prozent der weltweiten Großkonzerne.

147 Unternehmen kontrollieren 40 Prozent der weltweiten Großkonzerne.

Dreiviertel dieser 147 Unternehmen sind Finanzunternehmen.

Unter den 20 mächtigsten Unternehmen der Welt befinden sich 19 Finanzunternehmen.“

Und die Hilfsorganisation Oxfam veröffentlichte laut *Die Welt* vom 21.1.2014 einen Bericht, worin es heißt, *„die 85 reichsten Menschen der Welt hätten das gleiche Vermögen wie die arme Hälfte der Weltbevölkerung auf der anderen Seite.“*

Nur zur Erinnerung: Die „arme Hälfte“, das sind immerhin 3,5 Milliarden Menschen! Doch der Artikel geht noch weiter:

„Demnach liegt der Reichtum der obersten ein Prozent der weltweit reichsten Menschen bei 110 Billionen Dollar (81,1 Billionen Euro). ... Die wohlhabenden Eliten dominierten die wirtschaftlichen Weichenstellungen weltweit, heißt es weiter.

Demokratie werde ausgehebelt, die Reichen könnten politische Entscheidungen beeinflussen – sowohl in entwickelten wie auch in Entwicklungsländern. Eine Umfrage in den sechs Ländern USA, Großbritannien, Spanien, Brasilien, Indien und Südafrika habe gezeigt, dass die meisten Menschen der Meinung seien, dass Gesetze zugunsten der Wohlhabenden gebeugt würden.
‚Wir können nicht darauf hoffen, den Kampf gegen die Armut zu gewinnen, ohne das Problem der Ungleichheit zu bekämpfen', sagte Oxfam-Exekutivdirektorin Winnie Byanyima. Die Problematik von Privilegien auf der einen und Benachteiligung auf der anderen Seite drohe sich über Generationen auszubreiten. ‚Wir werden bald in einer Welt leben, in der gleiche Möglichkeiten nur noch ein Traum sind', betonte sie."

Ob die politischen und wirtschaftlichen Strategen in ihren Planungen und Machbarkeitsstudien in Sachen Überbevölkerung und Welthunger hinter verschlossenen Türen ethische Gedanken bewegen, oder ob sie lieber zugunsten des Profites den Tod von Hunderten Millionen Opfer in Kauf nehmen, wird erst im Jenseits offenbar werden – aber es wird offenbar werden. Denn, wie uns auch die moderne Physik lehrt:

Es wird alles gespeichert auf der großen Festplatte des All-Computers. Denn keine Energie geht verloren.
Der All-Geist, das Universale Bewusstsein, der Schöpfergott, spricht vom Gesetz von Saat und Ernte, dem Gesetz von Ursache und Wirkung. Und schon Jesus von Nazareth lehrte, dass alles registriert ist. Er sprach: *„Bei euch aber sind sogar die Haare auf dem Kopf alle gezählt."* (Mt 10,30)

Ethik? Fehlanzeige!

Wer nur ein wenig hinter die Karrieren zahlreicher Politiker, Wissenschaftler oder Journalisten schaut, stellt fest, dass diese oft auch Lobbyisten von mächtigen Verbänden und Netzwerken sind, von Stiftungen und geschlossenen Gesellschaften, von kirchlichen und weltlichen Geheimorden oder Bruderschaften und dergleichen.

Wer von solchen Vereinigungen profitiert und dabei sein Ego aufpoliert hat, für wessen Karriere dadurch entscheidende Weichen gestellt wurden, der ist im Gegenzug oftmals dazu verpflichtet, z.B. für stetiges wirtschaftliches Wachstum, koste es was es wolle, und für die Abschöpfung von Steuergeldern zugunsten der Gönner im Hintergrund zu sorgen. Da sind Mitleid und Mitgefühl, Barmherzigkeit, Güte, Nächstenliebe und Mildtätigkeit, schlichtweg eine höhere christliche Ethik völlig fehl am Platz. Umweltschutz und Klimaschutz – nebensächlich! Hauptsache, man nennt sich „christlich". Oder wie der bekannte deutscher Liedermacher, wie bereits erwähnt, den ganzen Filz beschrieb: *„Der Minister nimmt flüsternd den Bischof beim Arm: Halt du sie dumm, ich halt sie arm!"*

Für das Wirtschaftswachstum geht man weltweit über die Leichen von Menschen, Natur und Tieren, bis zum totalen globalen Zusammenbruch mit dem Namen Klimakollaps.

An den Getreidebörsen dieser Welt spekuliert man im übertragenen Sinne mit dem Tod von Millionen bedürftiger Menschen. Doch viele der Spekulanten nennen sich „christlich".

Sich „christlich" nennende Politiker – Lobbyisten der Rüstungsindustrie – genehmigen den Export von todbringenden Waffen und Munition in die ganze Welt.

Auch Diktaturen, die ihre Völker massiv unterdrücken, stehen als Kunden ganz obenan. Geld stinkt nicht. Und man nennt sich „christlich".

Die Perversitäten werden immer mehr zur Normalität. Bis dass die Erde kollabiert und unbewohnbar wird?

Was sagt das alles über die Menschheit? Vielleicht wäre der Neandertaler sogar ethisch und moralisch gesehen über dem Homo sapiens dieses Zeitalters anzusiedeln. Schließlich gab es zuvor wohl keine Zivilisation, die in solchem Ausmaß auf Erden gewütet und aus purem Egoismus, aus absolut selbstsüchtigsten Motiven den gesamten Planeten nachhaltig, für Tausende von Jahren, derart zerstört hätte, dass er weitestgehend unbewohnbar wird. Im Übrigen hat geistiges Bewusstsein nichts mit Intellekt zu tun.

Unheilige Allianz

Wie leichtgläubig und lemminghaft ist ein Volk, das sich suggerieren lässt, eine Führungsriege aus politischen Barbaren sei christlich, obwohl sie oftmals nur dem Mammon dient? Obwohl sich diese Führungsriege in vorauseilendem Gehorsam an die milliardenschweren Großkonzerne katholisch und lutherisch anbiedert und diesen Jahr für Jahr weitere Milliarden an Steuergeldern zuschanzt?

Dies ist – man kann es nicht anders nennen – ein kaum fassbarer kolossaler Betrug an den Völkern. Diese fatale Irreführung der Völker, diese unheilige Allianz zwischen Priesterkaste und weltlichen Machthabern, ist uralt – und wohin sie uns gebracht hat, zeigt der Zustand dieser Welt. Sonst hätte diese Welt eine andere Zukunft – und nicht den weltweiten Untergang im Klimakollaps vor Augen.
Unterm Strich heißt das aber auch: Die äußeren Religionen und ihre politischen Verbündeten in den Parlamenten und Regierungen haben vollständig versagt.

Wenn die Welt im Klimawandel untergeht, hat keiner etwas richtig gemacht. Gerade die Religionen, vor allem die institutionellen angeblich christlichen

Religionen im Abendland, die sich als ethisch-moralische Vorbilder verstehen, was haben sie bewirkt? Sie haben eine Spur der Verwüstung hinterlassen – und weshalb? Weil es ihnen im Grunde darum ging, immer nur die eigene Macht zu sichern und auszubauen. Auch deshalb treten so viele Menschen aus den Kirchen aus. Wer kann es ihnen verdenken?

Wer die Nachrichten und wissenschaftlichen Publikationen zum Thema Klimawandel ernst nimmt, stellt fest: Geleugnet wird die Zerstörung der Erde durch den Klimakollaps auch von den Mächtigen dieser Welt schon lange nicht mehr. Die Mächtigen, das sind Strippenzieher in Wirtschaft, großen Bankhäusern, in Politik, in den Oberetagen institutioneller Kirchen – und es sind die finanzstarken Eliten, die nur im Hintergrund agieren. Wie könnten sie den Klimakollaps auch leugnen? Der 2012 erschienene Club of Rome-Bericht für das Jahr 2052 spricht beispielsweise davon, dass für kommende Generationen Katastrophen voraussehbar seien – nur was den Zeitpunkt betrifft, gibt es noch unterschiedliche Meinungen.

Zurück in die Steinzeit?

Für die kommenden Generationen sind die Zukunftsaussichten wahrlich nicht gut, ganz im Gegenteil.
Heute heißt es noch: Klimawandel; morgen heißt es schon: Klimakollaps; übermorgen heißt es: Steinzeit und „weltweite Wüste“ – zum einen für diejenigen, die vielleicht den Klimakollaps überleben, zum anderen für die Seelen, die auf einer lebensfeindlich gewordenen Erde in neuen Menschenleibern wiederkommen werden, um abzutragen und wiedergutzumachen, was sie als Menschen auf der Erde mit verursacht haben.

Die Konsequenzen unseres derzeitigen Nicht-Handelns, sowohl auf wirtschaftspolitischer als auch umweltpolitischer Ebene, werden gerne unter den politischen, wirtschaftlichen, klerikalen und medialen Teppich gekehrt. Verantwortung dafür zu übernehmen, kommt dabei kaum jemand in den Sinn.

Es heißt immer wieder bei Naturkatastrophen, schuld sei „der Klimawandel“. Doch wer hat denn die Ursachen für diesen „bösen“ Klimawandel geschaffen? Dahinter stehen doch Namen, Firmen, Spekulanten, Zocker in den Banken, Interessengruppen, Persönlichkeiten der Wirtschaftsverbände, vor allem auch der Politik und der Kirchen, also Aufsichtsratsvorsitzende, Vorstände und Geschäftsführer, Minister, Kanzler und Präsidenten, Diktatoren und Könige. All diese Entscheidungsträger verstecken sich jetzt hinter dem Begriff „Klimawandel" und tun so, als ob sie das gar nichts angehen würde. Manche versuchen heute sogar, „Umweltschützer" zu spielen, z.B. in kirchlichen Kreisen. Das Ausmaß des Kommenden und die Schuld der eigenen Institution wird weiter verharmlost und heruntergespielt. Doch was bleibt, ist eine in ihren Ausmaßen noch nie da gewesene kollektive Verantwortungslosigkeit und Schuld am Klimakollaps und am bevorstehenden Massensterben.

Es wird für die zukünftigen Opfer des Klimawandels zwar kein Trost sein, das alles im Gesetz von Ursache und Wirkung, von Saat und Ernte, gespeichert ist – aber es wird gespeichert.
Wie groß die Seelenschuld der verantwortlichen Akteure auf der Weltbühne ist, lässt sich nur erahnen. Vermutlich ist es eine unfassbare Äonenschuld für die Seelen dieser angeblich elitären Menschen, die bis heute glauben, dass sie die Mächtigen dieser Welt seien und nach Belieben, aufgrund ihres Einflusses und Reichtums, ihrem medial zelebrierten

Ego-Gesetz ohne persönliche Konsequenzen frönen können. Wie es scheint, glaubt so mancher heute noch Mächtige, dass sein Handeln unantastbar bleibt, und dass auch z.B. eine parlamentarische Immunität ewige Gültigkeit hätte, bis über den Tod hinaus. Doch wie heißt es auch in den Bibeln der Kirchen: *„Täuscht euch nicht, Gott lässt Seiner nicht spotten. Was der Mensch sät, wird der Mensch ernten.“*

Das kann auch bedeuten: Der Klimakollaps hobelt alle gleich. Niemand wird ihm entfliehen können. Auch nicht die verantwortlichen Macher und Entscheidungsträger, sowie deren Auftragsgeber, die für den Zustand dieser Welt mitverantwortlich sind. Nach dem Hinscheiden des Leibes sind alle Menschen, ausnahmslos alle, zuallererst einmal Seele, mit all ihren ureigenen Prägungen des Positiven und des Negativen, mit ihren Lastern, ihrem Sündhaften, was gegen die Gesetze Gottes gerichtet ist. Sonst sind sie nichts.

Und es kann durchaus sein, wenn wir die Vorgänge der Reinkarnation konsequent weiterdenken, dass auch viele der Verantwortlichen für den Klimakollaps wieder mitten hineingeboren werden in dessen Auswirkungen, in das Elend und das Leid.

Seelen können also wieder inkarnieren in dieses von ihnen selbst mit verursachte Chaos, um abzutragen oder wiedergutzumachen, je nach Reifegrad der Seele. Wie gesagt: Gott lässt Seiner nicht spotten! Seine Mühlen mahlen langsam, aber gründlich, sagt ein Sprichwort.

Lassen wir uns nicht täuschen: „Nach uns die Sintflut!“ – das ist die Botschaft, die uns unter dem Strich die Klimakonferenzen mitsamt ihrer Politiker und Wissenschaftler signalisieren. Und „Sintflut“ bedeutet wörtlich „Sündflut“.

Was für eine Welt hinterlassen wir?

Die Rettung der Mutter Erde mit allem was auf, in und über ihr lebt, wird seit Jahrzehnten von den politisch und wirtschaftlich führenden Managern der Wirtschaftsnationen zu Gunsten eines stetig steigenden Börsenkurses und einer immer weiter wachsenden Wirtschaft schlichtweg boykottiert – alles zu Gunsten eines Profitstrebens, einer unkontrollierbaren Gier von relativ wenigen skrupellosen Akteuren nach immer mehr Reichtum und Macht, von wenigen superreichen Familienclans auf allen Kontinenten.

Diese Brutalität und Grausamkeit allem Leben gegenüber stellt alles in den Schatten, was die Geschichtsbücher bisher an Verbrechen und Grausamkeiten gegen die Menschlichkeit zu bieten haben.

Welche Welt hinterlassen wir unseren Kindern und Enkeln? Kommende Generationen werden ganz erheblich unter dem Klimawandel leiden – und sie werden uns, die ältere Generation, nach dem „Warum?“ fragen. Und sie werden auch nach den Namen derer fragen, die den Untergang der Menschheit mit zu verantworten haben.

Wie gesagt: Nach den Erkenntnissen der Quantenphysik ist jeder Gedanke Energie. Er ist mit dem Kosmos verbunden und in Quantenfeldern immaterieller Art gespeichert. Soweit die Physik. Deshalb wird jede Seele irgendwann schauen, was sie selbst an Schuld durch Zuwiderhandlung gegen die Gebote Gottes verursacht und somit an sündhaften Verhaltensweisen in die kosmischen Quantenfelder eingegeben hat. Das gilt natürlich auch für die heute noch Mächtigen und Reichen.

Leben ist Bewusstsein. Es gibt keinen Tod, es gibt nur den Wandel. Die Seele des Menschen lebt ewig und webt sich ihr eigenes Seelenkleid durch die

Inhalte ihres Empfindens, Fühlens, Denkens, Redens und Handelns. Der Mensch erntet, was er gesät hat. Das gilt für uns alle, ob arm oder reich, gleich welcher Kultur wir verbunden sind und welchen Bildungsstand der Einzelne hat. Alle Titel und Auszeichnungen, aller Reichtum eines Menschen, alles, womit viele ihrem Ego frönen, zählen im Jenseits nichts.

Jeder kann sich diesbezüglich selbst auf den Prüfstand stellen.
Wenn man die Zehn Gebote Gottes und die Bergpredigt des Jesus von Nazareth für sich persönlich als Maßstab nimmt – wer kann dann von sich behaupten, er hätte eine völlig weiße Weste?

Somit trägt auch jeder einfache Bürger Mitverantwortung am Klimawandel. Keiner kann sich dem völlig entziehen. Jeder Einzelne kann aber beginnen, nach höheren ethischen und moralischen Werten zu leben. Jeder kann in seinem persönlichen Leben beginnen, die Tiere und die Natur als Leben aus Gott zu achten. Jeder kann beginnen, mehr und mehr vegetarisch zu leben und somit Tiere vor dem Schlächter zu retten. Jeder kann Gutes tun für die eigene Gesundheit und auch für die kommenden Generationen.

Es ist nie zu spät, den Entschluss zu fassen, sein Leben nach den Zehn Geboten Gottes durch Mose und nach der Bergpredigt Jesu auszurichten. Unser derzeitiges Leben gibt uns die Chance, vieles für unser zukünftiges Leben heute schon zum Besseren zu wenden. Denn jeder wird irgendwann über sein Leben Rechenschaft ablegen müssen. Ausnahmslos jeder.

Machen wir uns auch bewusst: Gott ist Liebe. Gott ist in uns. Gott ist das Licht im Urgrund unserer Seele. Wir alle sind im Urgrund unserer Seele geistige Wesen aus Gott. Wir alle haben in der ewigen Heimat geistige Sippen und Familien. Unser aller Zuhause ist bei Gott. Dort haben wir unsere ewigen Wohnstätten. Es gibt keinen Tod. Die Seele des Menschen lebt ewig.

Vor diesem geistigen Hintergrund können wir so manches, was in unseren Tagen passiert und auf uns zukommt, besser einordnen, verstehen und für unser persönliches Leben unsere Schlüsse daraus ziehen.

Die Zukunft wird heiß – sehr heiß!

Mit jedem Jahr, das ins Land geht, werden immer mehr Menschen ihr Leben durch den Klimawandel verlieren, bis schließlich die jetzige menschliche Zivilisation im Klimakollaps untergeht.

Die klimatischen Veränderungen, die uns heute treffen, haben ihre Ursachen letztlich in dem Dreck und den Giften, die die angeblich so fortschrittliche Menschheit schon vor ca. 40 – 50 Jahren in die Luft geblasen hat.
Das bedeutet: Was heute an Treibhausgasen, an Ruß-, Dreck- und Giftpartikeln, also an zusätzlichen Ursachen, in die Atmosphäre abgegeben wird, wird erst unsere Kinder und Kindeskinder voll als Wirkung treffen – als Katastrophe apokalyptischen Ausmaßes.

Seit Jahren schon gibt es immer wieder Schreckensmeldungen, was das Artensterben der Tiere und Pflanzen auf der Erde, das Korallensterben und die Vergiftung in den Ozeanen angeht. Können sich die Menschen aus der Schöpfung herausnehmen?

Die Menschheit führt Krieg gegen die Natur, gegen die Tiere und Wälder, gegen die Flüsse, Meere und Ozeane, gegen die vor kosmischer Strahlung schützende Erdatmosphäre, letztlich gegen die Mutter Erde mit allem, was auf ihr lebt.

Blicken wir einmal nur auszugsweise in die Schreckensmeldungen der letzten Jahre hinein. Bereits am 18. Juni 2009 schrieb z.B. *Der Spiegel*:
„Forscher fürchten Klima-Kollaps ... Renommierte Geoforscher legen eine neue Prognose für den globalen Temperaturanstieg vor. Das Ziel von maximal zwei Grad Erderwärmung ist demnach nicht mehr zu schaffen – der Wert gilt als Grenze, um die schlimmsten Szenarien abzuwenden. ... Schon die heutige Konzentration von Treibhausgasen ... in der Atmosphäre sei hoch genug, um eine globale Erwärmung von zwei bis 2,4 Grad Celsius auszulösen. ‚Drastische und schnelle' Emissionsreduktionen seien ‚unmöglich'. Der Gehalt der Klimagase werde daher in den kommenden Jahrzehnten noch weiter zunehmen. ... Der Mensch sollte sich vorsichtshalber auf eine drei, vier oder sogar fünf Grad Erwärmung einstellen, hatte PIK-Chef Schellnhuber schon im März in Kopenhagen empfohlen." PIK: das ist das Potsdam-Institut für Klimafolgenforschung.

Vier Jahre später, am 9.10.2013, sagte Prof. Schellnhuber gegenüber der Wiener Zeitung *Der Standard*:

„Wenn die Erwärmung zwei Grad erreicht, setzt sich der Anstieg viele Jahrhunderte fort. Das wäre unumkehrbar ... Die Natur wird sehr deutlich zu uns sprechen."

Die *Augsburger Allgemeine* berichtete am 15. August 2013 über eine Studie des Potsdam-Instituts für Klimafolgenforschung:
„In vielen Regionen sollen die kältesten Sommermonate dann heißer sein als die heißesten Monate heute."

Die Sommer der letzten Jahre hatten Spitzenwerte von nahezu 40 Grad. 36 Grad sind heute in Mitteleuropa, also nördlich der Alpen, keine Seltenheit, eher die Regel. Wie hoch werden dann in den kommenden Jahrzehnten wohl die heißesten Temperaturen sein? Vielleicht 45 Grad, oder sogar 50 Grad, oder mehr?

Was bedeutet das dann für die Ackerböden und den Anbau von Nahrungsmitteln wie Getreide, Obst, Gemüse und Kartoffeln? Was bedeutet das für die Tiere? Was bedeutet das für die Niederschlagsmengen, die Verdunstung und das Grundwasser? Was bedeutet es nicht zuletzt für die Verursacher, die Menschen?

Länger dauernde Hitzeperioden haben unterschiedliche Folgen für den menschlichen Organismus, etwa:

Sonnenstich – von Kopfschmerzen über Kreislaufkollaps bis hin, in schweren Fällen, auch zu Bewusstseinsverlust mit Koma.

Hitzekollaps – Versagen von Kreislauffunktionen.

Hitzekrämpfe – Flüssigkeitsverlust und damit verbunden Elektrolytemangel, dadurch Krämpfe und Muskelzuckungen.

Hitzschlag – Eine Überhitzung des gesamten Organismus. Es besteht Lebensgefahr.

Hitzetod – durch Lähmung der Atmung- und Kreislaufzentren sowie infolge eines allgemeinen Schockzustands und Multiorganversagens.

Oberhalb einer Umgebungstemperatur von 37 Grad wirkt die Verdunstung als alleiniger Mechanismus zur Abgabe von Wärme und zur Senkung der Körpertemperatur. Eine Hitzekrankheit entsteht, wenn die Mechanismen des Körpers zur Wärmeabgabe überlastet sind. Deshalb können schon Temperaturen von mehr als 30 – 35 Grad durch das Versagen der Wärmeableitmechanismen des Körpers zum Anstieg der Körpertemperatur führen, mit den oben genannten Krankheitsbildern und deren Folgen.

Hitzeperioden vergangener Jahre wie der Sommer 2003 in Europa, 2006 in Westeuropa, 2008 in Nordeuropa und zuletzt 2010 in Russland haben deutlich gezeigt, welche Auswirkungen lang anhaltende Hitzeperioden haben können. Im *Hitzeschutzplan Steiermark* vom April 2011 lesen wir:
„Den Untersuchungsergebnissen des EU Canicule-Projekts 2007 zufolge beläuft sich die Zahl der (mit) Hitze assoziierten Todesfälle des Sommers 2003 in Europa auf etwa 70 000. Auch in Hessen starben im August 2003 mehr Menschen als in vergleichbaren Zeiträumen. So stieg in Frankfurt die tägliche Sterberate von 14 Personen pro Tag im Juni/Juli auf 27,6 Personen in der ersten Augusthälfte. Ihren Höchstwert erreichte sie mit 51 Verstorbenen am 13. August 2003 – zehn Tage nach Beginn der Hitzeperiode mit Tagesmitteltemperaturen von 30° Grad."

Wie schrieb die *Augsburger Allgemeine?*
„In vielen Regionen sollen die kältesten Sommermonate dann heißer sein als die heißesten Monate heute."

Am 12. Januar 2013 schrieb *Spiegel Online*:
„Klimawandel: US-Regierungsberater warnen vor drastischer Erderwärmung ... einige Forscher meinen: Beim Klimawandel bleibt nur noch eines – Schadensbegrenzung."

Das wird schwierig genug sein. Doch gibt es auch eine „Schadensbegrenzung“, also eine Perspektive für unsere Seelen? Es gibt sie!

Wenn unsere Seelen ewig leben und es eine Wiederverkörperung der Seelen gibt, muss es auch einen Ursprung unserer Seelen geben. Dieser Ursprung ist Gott, der Ewige. Und da unser himmlischer Vater ein Gott der Liebe ist, lässt Er uns auch in dieser immer schwieriger werdenden Zeit nicht allein.

Kapitel 4

„Putsch gegen den Klimaschutz“

Mittlerweile dürfte es jedem wachsamen Zeitgenossen klar sein: Es geht um nichts Geringeres als das Überleben der Menschheit und um die Mutter Erde mit ihren Tieren und Pflanzen.

In der Presse ist es nachzulesen. Etwa im Telegrammstil in den *Potsdamer Neuesten Nachrichten* vom 15.2.2013: *„Klimawandel: Schellnhuber: Der Frieden ist in Gefahr – Krisengespräch beim UN-Sicherheitsrat – der Potsdamer Klimaforscher Hans Joachim Schellnhuber warnt eindringlich vor einem scharfen Wettbewerb um die natürlichen Ressourcen. Der Klimawandel sei ein Multiplikator für Risiken.“*

Ein „scharfer Wettbewerb um die natürlichen Ressourcen“ – das umschreibt mit freundlichen Worten Folgendes: Kriege um Wasser und Rohstoffe, Kriege um Ackerböden und Erze, Kriege um Öl und Gasvorkommen, Kriege um Nahrungsmittel – Nahrungsmittel vor allem für die Soldaten, um die Wehrfähigkeit der Streitkräfte so lange wie möglich zu erhalten?

Spiegel Online berichtete am 13. Mai 2013: *„Der Klimawandel werde bis zum Jahr 2080 den Lebensraum jeder zweiten Pflanzen- und jeder dritten Tierart halbieren, so das Ergebnis einer neuen Studie."* Werden die Lebensräume der Menschen davon etwa nicht betroffen sein?

Das Magazin *scinexx.de* berichtete über einen Bericht der Weltbank am 20.6.2013 unter der Überschrift: *„Gravierende Klimafolgen schon in 20-30 Jahren."* Wer hätte das gedacht? Also doch noch in unserer Generation! Das ist nicht mehr so lange hin.

Spiegel Online berichtete am 20.6. 2013: *„Die Welt wird nicht mehr satt."* Wie lange werden *wir* noch satt? Auch wir in Europa?

Das Max-Planck-Institut für Biogeochemie titelte am 14. August 2013: *„Wetterextreme heizen Klimawandel an."*

Und am 15. August 2013 heißt es unter *Klimaretter. info*: *„Hitzeextreme werden bis 2040 auf das Vierfache zunehmen."*

Wir sind also schon mitten drin in dem Anstieg, und bis zum Jahr 2040 ist es nicht mehr so lange hin, vor allem, wenn jüngere Menschen hier an die eigene Lebenserwartung denken oder ältere Menschen vielleicht an die Lebenserwartung der eigenen Kinder oder Enkel.

Am 27. September 2013 berichtet *Spiegel Online* über einen Bericht des UNO-Klimarats IPPC:
„Klimawandel ändert unsere Welt grundlegend. ... Je nachdem, wie stark der CO2-Ausstoß anhalte, umso gravierender werde die künftige Erwärmung ausfallen, warnt der IPCC. Die Folgen würden ‚die Umwelt in einer Weise ändern, wie seit Hunderten oder Tausenden Jahren nicht geschehen', heißt es in der Zusammenfassung des Klimareports. Diesmal wäre ... eine Zivilisation von mehr als sieben Milliarden Menschen betroffen. Ein ungebremster Ausstoß von Treibhausgasen würde das Klima bis Ende des Jahrhunderts vermutlich um rund 3,7 Grad erwärmen."
Gibt es irgendjemanden, der glaubhaft versichern kann, dass dieser „ungebremste Ausstoß von Treibhausgasen" vielleicht doch gebremst werden kann?

Die Weltbank jedenfalls hält nach einem Artikel in *Spiegel Online* vom 24.11.14 die *„Folgen des Klimawandels für unumkehrbar. Dies gehe aus einem Bericht des Potsdam-Instituts für Klimafolgenforschung hervor. ‚Selbst wenn die Menschheit den*

Ausstoß von Treibhausgasen drastisch reduzieren würde – es würde kaum helfen: viele Folgen des Klimawandels lassen sich nicht mehr aufhalten … Besonders werden die ärmsten Länder leiden.'"

Und die *Süddeutsche Zeitung* brachte am 9. November 2013 auf der Titelseite die Hauptüberschrift: *„Kofi Annan: Es geht ums Überleben"*. Vor dem Klimagipfel in Polen warnt der frühere UN-Generalsekretär, die Erderwärmung sei eine *„Gefahr von ungeheurem Ausmaß"*.

Der Klimawandel: eine „Massenvernichtungswaffe"

Trotz dieses ernsthaften Appells geschieht aber kaum etwas. Am 17. Januar 2014 stand zum Beispiel in der *Main-Post* zu lesen: *„Europa verliert seinen Ehrgeiz – In der Klimapolitik hat die EU Schwierigkeiten, ihre Ziele für 2030 zu formulieren."*

Dabei bezeichnet sogar der US-Außenminister Kerry den Klimawandel als „Massenvernichtungswaffe". Das berichtet des *Handelsblatt* am 16.2.2014: *„John Kerry hat in Indonesien den Klimaschutz zu einer der wichtigsten Herausforderungen der Politik*

erhoben. Der Klimawandel sei die ‚beängstigendste Massenvernichtungswaffe der Welt und daher müsse dringend gehandelt werden.“
Der Klimawandel könne *„vielleicht sogar als die fürchterlichste Waffe der Welt“* betrachtet werden. *„Eine kleine Gruppe ‚schlechter Wissenschaftler und Ideologen‘ dürfe nicht wissenschaftliche Tatsachen infrage stellen, sagte er. ‚Die Wissenschaft ist unmissverständlich und jene, die sich weigern zu glauben, stecken lediglich die Köpfe in den Sand‘.“*

Doch wer sind diese *„Ideologen, die sich weigern, den wissenschaftlichen Tatsachen“*, wie sie der US-Außenminister nennt, *„ins Auge zu blicken“*? Sind es nicht oft Politiker und Lobbyisten, welche die notwendigen Veränderungen verhindern? Warum können diese so gut wie ungehindert das Leben auf dem Planeten Erde der Gefahr einer völligen Vernichtung aussetzen? Warum?

Das deutsche Bundesministerium für Bildung und Forschung gibt am 31.3.2014 folgende Pressemitteilung heraus: *„Klimawandel ist zentrale gesellschaftliche Herausforderung“*. Darin heißt es noch immer, man müsse *„den Klimawandel bekämpfen und dafür sorgen, dass die Erderwärmung die 2-Grad-Marke nicht übersteigt.“*

Dabei hatte doch – wir erwähnten es in Kapitel 3 – das Magazin *Der Spiegel* bereits am 18. Juni 2009 aufgrund einer Prognose renommierter Forscher geschrieben, dass *„das Ziel von maximal zwei Grad Erderwärmung ... nicht mehr zu schaffen“* sei. *„Der Mensch“*, so Prof. Schellnhuber laut demselben Artikel, *„sollte sich vorsichtshalber auf eine drei, vier oder sogar fünf Grad Erwärmung einstellen.“* Diese Expertenaussage scheint fast vier Jahre später noch nicht im Ministerium angekommen zu sein.

Am 26. März 2014 titelt *Spiegel Online*: *„Statistik für Deutschland – Fast einem Drittel der Tierarten geht es schlecht“*. Dies gelte für frei lebende Tiere in Deutschland laut einer Studie, die das Bundesumweltministerium vorgestellt hat. Doch von den Tieren in den Massentierställen und Schlachthöfen wird an dieser Stelle gar nicht gesprochen.

Und die Frage sei erlaubt: Wie viel Prozent der Menschen in Deutschland, in Europa, auf der ganzen Erde geht es jetzt schon schlecht? Weltweit verdient ein Drittel aller Menschen in einem Arbeitsverhältnis weniger als zwei Dollar pro Tag, so der Weltarbeitsbericht der UNO aus dem Jahr 2014, was z.B. in der *taz* vom 27.5.2014 zu lesen ist. Das ist unterhalb der Armutsgrenze. Viele andere finden überhaupt keine Arbeit, um sich und ihre Familien zu ernähren. Und schon heute sterben täglich ca. 37.000 Menschen an Hunger und Unternährung, so der langjährige UN-Sonderberichterstatter Jean Ziegler anlässlich des Welternährungstages 2011 – nachzulesen z.B. bei der *Deutschen Welle* am 16.10.2011. 37.000 Hungertote täglich. Können wir erfassen, welches unermessliche Leid in vielen Teilen der Erde schon Gegenwart ist? Und was alles kommt noch auf uns zu?

Die *Süddeutsche Zeitung* schreibt am 30. März 2014:
„Weltklimarat warnt vor Dürre, Hitze und Überflutung ... Wenn der CO2-Ausstoß weiter so ansteigt, drohen noch in diesem Jahrhundert Dürren, Überflutungen und Kriege um schwindende Ressourcen. Auch für Europa sieht es schlecht aus.“

Rajendra Pachauri eröffnete die Pressekonferenz des Weltklimarates 2014 mit den Worten:
„Wir haben Grund zur Annahme, dass die soziale Stabilität der menschlichen Gesellschaft auf dem Spiel steht, wenn nichts gegen den Ausstoß von Treibhausgasen und den Klimawandel unternommen wird.“
Was Pachauri *„heraufbeschwört“*, so *Radio Bayern 5* am 6.4.2014, *„ist nichts weniger als die Gefahr von*

Hungerkatastrophen und Bürgerkriegen. Der ungebremste Klimawandel wird in absehbarer Zeit zu immer mehr Dürreperioden ... und Überschwemmungen ... führen. Stürme ungeahnten Ausmaßes werden Siedlungsräume und landwirtschaftlich nutzbare Flächen vernichten. Das ist nicht das Szenario eines Horrorfilms, sondern Ergebnis sorgfältiger Analysen. ... Klimaschützer beklagen schon lange die mangelnde Bereitschaft der Politiker zu handeln."

Wohlgemerkt: Stürme werden landwirtschaftlich nutzbare Flächen *vernichten*. Wenn also *„die soziale Stabilität der Menschheit auf dem Spiel steht"* – was heißt das dann anderes als Krieg und Bürgerkriege um Wasser und Nahrung?

Der Kipppunkt ist erreicht

Ähnliche Töne schlägt *Focus Online* an:
„Artensterben, Hungersnöte, Bürgerkriege: Diese Konsequenzen hat der Klimawandel."
Weiter heißt es in diesem Artikel über den Bericht des Weltklimarates vom 31.3.2014:
„Der Klimawandel hat brutale Konsequenzen für die Menschheit. ... Die Auswirkungen des Klimawandels

auf die Nahrungsversorgung sind schlimmer als zuvor geschätzt. ... Zudem steige das Risiko für Bürgerkriege in den kommenden Jahrzehnten. Steigende Temperaturen erhöhten die Wahrscheinlichkeit schwerer, tiefgreifender und irreparabler Folgen."

In der *Süddeutschen Zeitung* vom 13.5.2014 stand folgender Artikel:
„Jede dritte Art ist gefährdet – Dornhai, Glattrochen, Schellfisch, Aal: Etwa jede dritte Art in Nord- und Ostsee ist gefährdet. ... Von den bei früheren Analysen untersuchten 9000 Arten von Land- und Süßwasserorganismen stehen sogar 45 Prozent auf der Roten Liste."

Am 14.5.2014 meldete *scinexx.de, Das Wissensmagazin:*
„Westantarktis: Schmelze ist unumkehrbar – Selbst drastische Maßnahmen können das komplette Abtauen nicht mehr aufhalten. Der Kipppunkt ist erreicht. Ein Teil des westantarktischen Eisschilds wird komplett abschmelzen – ohne dass wir dies noch aufhalten können. ... Allein das Schmelzwasser dieser sechs Gletscher könnte bei ihrem kompletten Abschmelzen den Meeresspiegel um rund 1,2 m anheben. ... Kettenreaktion gefährdet gesamtes Eisschild der Westantarktis ... Weil diese Gletscher

wie eine Barriere das gesamte Westantarktische Eisschild halten, könnte ihr Verlust auch den Rest dieses Eises destabilisieren. ... Schon in 200 bis 900 Jahren – und damit um Tausende von Jahren schneller als bisher gedacht, könnte der gesamte Eisschild in dieser Region ebenfalls kollabieren. Dann aber würde der Meeresspiegel um drei bis vier Meter ansteigen."

Wie ungenau die Schätzungen der Wissenschaftler bei diesem komplexen Thema zwangsläufig sind, gestehen diese hier selbst ein. „Tausende von Jahren" sind da rasch einmal auf „200 bis 900" zusammengeschmolzen. Könnte da nicht auch der Klimakollaps um vieles schneller eintreten, als die Medien uns berichten?

Bleiben wir also besser wachsam und beobachten das, was sich in der Umwelt, in der Natur, am Himmel und in den unabhängigeren Medien kundtut, mit eigenen Augen – und wägen dann mit Herz und Verstand.

Die „ganz große Lösung": längst ad acta gelegt!

Am 4. Juni 2014 veröffentlichte die *Frankfurter Allgemeine Zeitung* einen sehr aufschlussreichen Artikel von Oliver Geden, Klimaexperte der Stiftung Wissenschaft und Politik in Berlin. Bereits die Überschrift war ein deutlicher Rüffel an die Politiker: *„Wieviel Klimaforschung braucht ihr noch?"*
Der Autor schreibt: *„Die Politik geht eigene Wege: Nachdem sich die Diplomatie in eine Sackgasse gesteuert hat, steht der globale Klimaschutz vor einem Umbruch. Wie will man so Krisen lösen? ...*
Nur anderthalb Jahre vor dem mutmaßlich entscheidenden Klimagipfel in Paris hat sich allenthalben Ernüchterung breitgemacht. ... so fällt zum einen auf, dass heute kaum noch jemand riskiert, den baldigen Durchbruch bei den Klimaverhandlungen zu verkünden. Zum anderen nehmen auch Warnungen vor nahenden Großkatastrophen wesentlich weniger Raum ein."
Will man uns also von offizieller Seite Sand in die Augen streuen? Doch lesen wir weiter:
„Um zu verhindern, dass der politische Prozess durch das wiederholte Scheitern großer Klimagipfel endgültig delegitimiert wird, hat die Klimadiplomatie faktisch Abstand davon genommen, sich an

der ganz großen Lösung abzuarbeiten. Anders als vor [der UN-Klimakonferenz 2009 in] Kopenhagen, glaubt kein Klimadiplomat ... noch ernsthaft daran, dass es möglich sein könnte, Großemittenten wie die USA oder China durch UN-Verträge auf tiefgreifende Emissionsminderungen zu verpflichten. Die größten Verschmutzerländer werden vielmehr im Vorfeld des Klimagipfels von Paris selbst bestimmen, was sie beizusteuern bereit sind, ernsthaft verhandeln werden sie darüber nicht mehr. ...
Angesichts der Tatsache, dass die globalen Treibhausgas-Emissionen – allen Klimakonferenzen ... zum Trotz – seit 1990 um 40 Prozent gestiegen sind, werden sich die klimapolitischen Bemühungen in den kommenden Jahren darauf konzentrieren, überhaupt erst einmal eine Trendwende herbeizuführen, also den kontinuierlichen Anstieg der Emissionen zu stoppen. In welcher Geschwindigkeit sich der weltweite Ausstoß an Treibhausgasen anschließend – wohl nicht vor 2025 bis 2030 – wird absenken lassen, steht auf absehbarer Zeit noch nicht im Fokus der internationalen Klimapolitik."

Die Treibhausgas-Emissionen steigen also weiter. Was bedeutet das für den Anstieg der Erderwärmung? Fünf Grad? Oder aufwärts bis vielleicht zehn Grad? Wer weiß das schon?

Eines ist sicher: Die Klimapolitiker und die Klimaforscher wissen auch nicht, wie schnell und wie stark der Temperaturanstieg kommen wird. Nur *dass* er kommen wird, und dass es immer schneller auf den Point of no return, dem Punkt ohne Umkehrmöglichkeit, zugeht, ist sicher.

Die Politik hat die Daten der Forscher bis heute nicht ernst genommen, sonst wären schon längst detaillierte Klimaabkommen zur Rettung der Erde beschlossen worden. Lassen wir uns deshalb von Absichtserklärungen nicht täuschen. Es fehlt auf der ganzen Welt der ernsthafte politische und wirtschaftliche Wille, unverzüglich und durchgreifend etwas gegen den Klimawandel zu tun. Die Wirtschaftspolitik wird wohl immer den Vorrang vor der Klimapolitik behalten – bis zum Untergang der Menschheit?

Die USA, China und weitere Nationen setzen weiter auf Anstieg des Kohlenstoffausstoßes, wie der CO_2-Ausstoß auch genannt wird, weil es ihre Wirtschaft wachsen lässt. Somit kann man weiter von einem weltweit ungebremsten Kohlenstoffausstoß ausgehen. In bestimmten politischen Kreisen scheint man sich dennoch an Aussagen zu klammern wie: Dass man doch noch mehrere Jahre viele Milliarden

Tonnen CO2 in die Atmosphäre blasen könne, um unterhalb der 2 Grad-Erwärmung zu bleiben – auch wenn Klimaforscher hier klar widersprechen. So könnte man auch fragen: Wer vertritt welche Interessen? Und man sollte auch lernen, zwischen den Zeilen zu lesen.

Sicher ist daher nur eins: Die politische Führung der westlichen Welt hat bezüglich des Klimawandels vollkommen versagt, mit dem Ergebnis – Klimakollaps.

Die Wirtschaftslobby bestimmt den Kurs

Am 24.10.2014 schrieb die *Süddeutsche Zeitung* über die Ergebnisse des EU-Gipfels zum Thema Klima Folgendes:
„Europa will ein bisschen umweltfreundlicher werden. Die EU-Staaten vereinbaren in Brüssel Klimaziele für 2030. Die Treibhausgasemissionen sollen um 40 % verringert werden. ... Während die Gipfelteilnehmer den Beschluss lobten, kritisierten Umweltschützer die Ziele als unzureichend. ... Die beschlossenen Ziele lägen weit unter dem, ‚was notwendig ist und was von Europa getan werden könnte, um den Klimawandel zu bekämpfen.'"

Unterm Strich einigt sich die europäische Umweltpolitik also auf eine kleine Lösung, die sich halbwegs gut vermarkten lässt, ohne dass die Politiker vor dem Volk völlig das Gesicht verlieren. Doch zur Rettung der Mutter Erde bringt sie, global gesehen, kaum etwas.

Unter *Klimaretter.info* hieß es denn auch am 24.10. 2014: *„Das war ein Putsch gegen den Klimaschutz."* Der luxemburgische Energieexperte und Umweltpolitiker Claude Turmes fasst das Ergebnis des EU-Gipfels wie folgt zusammen:
„Was gestern passiert ist, ist ein Putsch, der seit über einem Jahr von der fossilen Wirtschaftslobby ... akribisch vorbereitet wurde. Was gestern beschlossen wurde, kann man alles in den Papieren von RWE, Vattenfall oder auch Gaz de France nachlesen – die haben das schon von langer Hand vorbereitet. ... Das ist ein desaströses Signal. Mit diesem Beschluss sagt Europa: Wir schaffen das Zwei-Grad-Ziel nicht. Man nimmt hin, dass es Millionen Klimaflüchtlinge geben wird. Die Staatschefs schwächen damit die Lösungen des Klimaproblems."

Wenden wir unseren Blick nach Amerika. *Welt der Wunder* schreibt im September-Heft 2014:

„Klima-Akte USA – Kann ein Kontinent austrocknen? Ganze Seen verschwinden, Flüsse versiegen, das Trinkwasser wird knapp – was wie ein Katastrophenbericht aus Afrika klingt, ist der aktuelle Lagebericht aus dem Westen der USA. Das Weiße Haus spricht mittlerweile von der verheerendsten Dürre seit Beginn der Wetteraufzeichnungen. Und das soll erst der Anfang sein ...“
Der Colorado River hat schon *„seit 16 Jahren ... die Mündung im Golf von Mexiko nicht mehr erreicht. Bereits 80 Kilometer vom Pazifik entfernt erinnert nur noch ein trockener Graben an den Fluss. ... Sitzen bald 50 Millionen Menschen auf dem Trockenen? ...*
Für die größte Kornkammer der Welt, die Great Plains im mittleren Westen der USA, die immerhin 30 Prozent der weltweiten Getreidereserven stellen, ist das nicht weniger als der GAU des Jahrtausends. Denn ohne die gigantischen Wasserspeicher tief unter den Feldern drohen die wichtigsten Wirtschaftszweige des Landes wegzubrechen.“

Die Vergiftung der Welt

Wie wenig die Erkenntnisse der Klima- und Umweltforschung bis heute weltweit von der Politik ernst genommen werden, zeigt auch folgendes Beispiel, noch einmal aus der Zeitschrift *Welt der Wunder*.

Im April 2014 lesen wir über verschiedene Umweltsünden in einem großen asiatischen Land: China. Dies ist aber nur ein Beispiel für die Brutalität und Verderbtheit der Chemieindustrie – und auch für die diesbezügliche Vergangenheit und Gegenwart in Amerika und Europa.

Denn was an Umweltgiften in Amerika und Europa längst nicht mehr verwendet werden darf, das wird ohne Skrupel in andere Länder exportiert. Dort werden dann Menschen, Tiere und ganze Landschaften nachhaltig vergiftet.

Nicht die Umweltpolitik Chinas allein ist also anzuprangern, sondern der Vernichtungswille, die Rücksichtslosigkeit gegen die Natur der globalen Wirtschaft weltweit, die leider auf allen Kontinenten und in den meisten Ländern anzutreffen ist, und deren Unternehmens-Vorstände sich oftmals scheinheilig auch noch als „Christen“ bezeichnen.

Es heißt in *Welt der Wunder*:
„Im Reich der Mitte boomt auch die Vergiftung. ... So produziert allein Chinas Industrie mehr als eine Milliarde Tonnen an Umwelttoxinen pro Jahr – absoluter Weltrekord."
Die daraus entstehende Smog-Wolke wird *„über die ganze Welt verteilt. Durch die globalen Windsysteme werden die Toxine zum Großteil nach Osten getrieben, über den Pazifik nach Amerika. Doch auch in Europa landet das Gift."*
Herbizide, die in der Europäischen Union verboten sind, landen über exportiertes chinesisches Getreide auch beim deutschen Bäcker. *„Laut einer Studie der chinesischen Regierung sind 70 Prozent aller Ackerböden in China vergiftet. ... Rund 84 Millionen Tonnen vergiftetes Getreide aus China sind jedes Jahr im Umlauf."*
China exportiert viele Lebensmittel z.B. auch nach Deutschland: *„Fleisch, Äpfel, Erdbeeren, Eier, Spargel, Reis, Karotten, Birnen, Mais und Kohl. ... ‚Chinas Umweltdebakel wird verheerende Auswirkungen auf die gesamte Welt haben', so Vaclav Smil, Umweltwissenschaftler an der University of Manitoba, Kanada. Chinas Industrie boomt auf Grund der niedrigen Preise. ... Geschätzte 500 000 Fabriken besitzt das Land. Fast alle spülen ihre giftigen Nebenprodukte bislang ungefiltert in die Welt."*

Und das ist jetzt nur China. Doch letztlich geht es um Amerika, Asien und auch Europa. Kann es nachhaltigen Umweltschutz geben, solange die Interessen der Wirtschaft es anders wollen, solange Aktienkurse und Börsengewinne vor Umweltschutz gehen?
Gerade die sogenannten führenden Industrienationen vergiften die Mutter Erde tagein tagaus für Zehntausende von Jahren zusätzlich auch noch durch die Anwendung der Atomkraft – obwohl bis heute auf der Erde kein einziges sicheres Endlager für Atommüll existiert.

Die industrielle Landwirtschaft: Artenkiller Nummer eins

Für den Klimawandel hochgradig mitverantwortlich ist vor allem auch die Massentierhaltung der westlichen Industrienationen, die den weltweiten Fleischmarkt Jahr für Jahr mit Milliarden von Tierkadavern versorgen, damit eine ethisch und moralisch degenerierte Menschheit dem Blutkult des Tierkannibalismus weiter frönen kann.
Jedes Stück Fleisch hat eine miserable CO2-Bilanz und verkürzt die Lebenserwartung der kommenden Generationen – vom unsäglichen Leid der Milliarden

Schlachttiere ganz zu schweigen. Viele wissen das, doch ändern tut sich kaum etwas.
Die industrielle Landwirtschaft mit ihrem massiven Einsatz von Pestiziden und Fungiziden lässt zwar die Börsenkurse der Chemiegiganten stetig steigen, ist jedoch gleichzeitig auch der Artenkiller Nr. 1. Auch der massive Einsatz von Antibiotika in der Massentierhaltung, ohne den eine solch lebensverachtende Tiertötungsindustrie überhaupt nicht möglich wäre, schadet jetzt schon der Gesundheit von zig Millionen Menschen. Hat sich in den letzten Jahren daran wirklich irgendetwas nachhaltig zum Besseren geändert?
Über den Pressemeldungen zum Thema Klimawandel scheint inzwischen ein Hauch von „Informationssperre" zu liegen: Hier und da ein kurzer Bericht in kleineren Magazinen oder Zeitungen; ansonsten ist eher Schweigen angesagt. Die Hauptsendezeiten der TV-Sender widmen sich überwiegend nebensächlichen Themen und der Ablenkung durch Krimis, Sport und sinnfreie Talkshows, während es doch um das Überleben der Menschheit geht.
Wer Freunde und Bekannte in ferneren Länden hat, der erfährt, dass der Klimawandel vielerorts schon um vieles weiter ist, als das Medienecho in Mitteleuropa vermuten lässt.
Wachet auf, ruft uns die Stimme!

Gott hat rechtzeitig gewarnt

Bereits in den 1970er Jahren gab es die ersten einigermaßen verlässlichen Veröffentlichungen zum Thema Klimawandel, also vor rund 45 Jahren. So wurde z.B. 1971 in Kanada die Organisation Greenpeace gegründet. Und spätestens Anfang der 1980er Jahre gab es die ersten öffentlichen wissenschaftlichen Studien für Umweltpolitik. Doch die vielfältigen Mahnungen und Warnungen der Klimaforscher wurden von der Wirtschaft und der Politik völlig ignoriert, und das weltweit.

Was nützen steuersubventionierte Forschungen zum Klimawandel, wenn die Auftraggeber, die Politiker, die Ergebnisse nicht wirklich ernst nehmen, wenn sie die Wissenschaftler ins Leere laufen lassen, wenn sie die dringend anstehenden Veränderungen blockieren oder verzögern, um wirtschaftlichen Interessen weiterhin den Vorrang vor Maßnahmen gegen den Klimakollaps zu geben?

Vielleicht wird es irgendwann einen internationalen Gerichtshof geben, der die verantwortungslosen Wirtschafts-, Kirchen- und Politikakteure weltweit ächtet, wenn nicht sogar des vorsätzlichen Völkermords und der bewussten Zerstörung der Erde im

Nachhinein anklagt. Die kommenden Generationen haben es in der Hand.

Eines steht jedenfalls fest: Es hätte nicht soweit kommen müssen, wie die apokalyptisch anmutenden Prognosen zum Klimawandel in den zitierten Presseberichten aufzeigen. Vieles hätte noch abgemildert werden können, wenn vor allem die Kirchenoberen das Wort Gottes durch Prophetenmund in unserer Zeit angenommen hätten, anstatt es zu verleumden und bekämpfen.
Denn es ist eine Tatsache: Nicht nur die Wissenschaft, auch Gott, der Ewige, hat rechtzeitig vor dem Klimakollaps gewarnt.

Denn so ernst die Zeit auch ist: Es gibt für geistig suchende Menschen Hilfen aus der göttlich geistigen Welt – um mit dieser Situation umgehen zu lernen. Und es gibt vor allem – auch und gerade in unserer Zeit – Hoffnung für die Seele, die bekanntlich ewig lebt.
Inmitten dieses Szenarios der sich anbahnenden Selbstvernichtung der Menschheit, inmitten wahrlich apokalyptischer Prognosen zum bevorstehenden Klimakollaps, inmitten der immer brutaler werdenden Umweltzerstörungen, der zunehmenden Vergiftung der Erde, des Wassers, der Ozeane und

der Luft, des Artensterbens und der Zerstörung der schützenden Erdatmosphäre, aber auch des ethischen und moralischen Zerfalls der Gesellschaft, der den Führungsanspruch der institutionellen Kirchen zum Offenbarungseid werden lässt – inmitten all dessen ereignete sich etwas, womit niemand gerechnet hatte, das aber wahrlich von kosmischer Bedeutung für alle Menschen und Seelen ist.

Im Januar des Jahres 1975 geschah, still und von der Weltöffentlichkeit völlig unbemerkt, etwas für unsere heutige Zeit beinahe Unglaubliches, ein in der Tiefe kaum zu erfassendes Ereignis: Der Gott Abrahams, Isaaks und Jakobs, der Gott aller wahren Propheten, der himmlische Vater, von dem uns Jesus von Nazareth kündete, griff fundamental in das Leben eines Menschen ein und erweckte diesen Menschen zu Seiner Prophetin und Botschafterin für das Reich Gottes.
Am 31.5.2009 offenbarte sich Gott-Vater durch Prophetenmund mit folgenden Worten:
„Ich Bin es, der zu euch redet: der Gott Abrahams, der Gott Isaaks, der Gott Jakobs, der Gott aller wahren Propheten. In dieser eurer irdischen Stunde rede Ich durch Mein Instrument, das auch die Botschafterin des großen, ewigen Reiches ist, eure wahre Heimat.

In dieser irdischen Stunde spreche Ich zu Menschen, aber auch zu den vielen Seelen, die hergeführt werden und die auf eine weitere Inkarnation warten. Denn vielen ist die Erde näher als der Himmel. Viele von ihnen bauten und bauen auf die Institutionen Kirche.
Doch Ich, der ewige Gott, sage euch: Ich Bin in keinem Steinhaus. Doch die Zeit ist nahe, in der die Steine reden werden. Diese materialistische Welt kann nicht mehr gerettet werden, denn Ich Bin der Geist dieser Erde und mache sie jungfräulich. Es wird ein neuer Himmel und eine neue Erde entstehen. Was wird sein auf dieser Erde? Sie wird zuerst einmal einer Wüste gleich werden, die in sich den jungfräulichen Samen birgt."

Und weiter heißt es:
„Ich Bin nicht diese eure Welt, zu der jeder Einzelne beigetragen hat. Ich Bin der Geist des Universums. Ich Bin das Leben und der redende Gott. Ich Bin die Liebe. Ich Bin der Schöpfer und schöpfe aus dem Urgrund dieser Erde. Ich wandle sie, und wandle alle materiellen Formen. ...
O sehet, Ich Bin der redende Gott. Wenn sich euer Bewusstsein erweitert, wenn ihr feiner und reiner werdet, dann fühlt ihr: In jedem Tierlein Bin Ich der redende Gott. In jeder Pflanze, in jedem Stein und

nicht zuletzt im Urgrund der Seele jedes Menschen. Ich Bin das All, die Unendlichkeit. Ich Bin der Geist der Gestirne. Ich führe sie in ihren Bahnen. Glaubt ihr nicht, dass Ich euch auch führen kann – wenn ihr wollt, denn ihr habt den freien Willen. ...
Ich Bin euer Vater und ihr seid im Seelengrund Meine Kinder. Ich sehne Mich nach euch. Begreift es! Ich sehne Mich nach euch! Ich möchte euch alle wieder umfangen. Ich möchte euch alle wieder im Reich Gottes, in eurer wahren Heimat schauen. Ich möchte, dass ihr an der Hand eures Erlösers zurückkehrt ins Vaterhaus zu euren Wohnungen, zu euren göttlichen Familien. Das ist Mein Anliegen. Das ist Mein Wunsch. Das ist Mein Wille. Diesen Meinen Willen lege Ich in eure Herzen, und wer es fassen kann, der fasse es! Und wer es lassen will, der lasse es. Doch Ich Bin Gott, der Unendliche. Ich Bin Gott, euer ewiger Vater. Und das, Meine Kinder, von Ewigkeit zu Ewigkeit."

Kapitel 5

Der Mord an den Tieren ist der Untergang der Menschheit

Vor etwa vierzig Jahren hätte es also eine Chance gegeben, noch vieles abzumildern von dem, was die Menschheit durch den Klimawandel treffen wird.

In Tausenden von Gottes-Offenbarungen und Lehrstunden des Christus-Gottes-Geistes offenbarten sich der Christus Gottes, der als Jesus von Nazareth auf Erden war, und Gott-Vater, sowie hohe Geistwesen vor Gottes Thron.

In aller Öffentlichkeit offenbarte sich der Christus-Gottes-Geist durch Seine Prophetin Gabriele.
So unglaublich es klingen mag: Es war und ist der Geist der Wahrheit, der Freie Geist des Christus Gottes, der schon vor fast 2000 Jahren durch Jesus von Nazareth mit folgenden Worten angekündigt wurde:

„Wenn aber der Beistand kommt, den ich euch vom Vater aus senden werde, der Geist der Wahrheit, der vom Vater ausgeht, dann wird er Zeugnis für mich ablegen." (Joh 15, 26)

„Wenn aber jener kommt, der Geist der Wahrheit, wird er euch in die ganze Wahrheit führen. Denn er wird nicht aus sich selbst heraus reden, sondern er wird sagen, was er hört, und euch verkünden, was kommen wird.“ (Joh 16, 13)

Der All-Geist, Gott, der Ewige, das universale Leben, ist nicht der Gott der äußeren Religionen und institutionellen Kirchen. Der prophetische Geist Gottes, der Freie Geist, wehte und weht wo er will. Und er weht mächtig in unsere Zeit hinein, die eine Zeit des Umbruchs ist, eine Zeit des Wandels.

Er, der Schöpfergott, ist der Freie Geist, den Jesus von Nazareth den Menschen nahebrachte und von dem Er schon damals sinngemäß sprach: Gott ist Geist, und Gott wohnt inwendig in euch.

Gott, der ewige Schöpfergeist, ist ein Gott der Liebe, den wir „himmlischer Vater“ nennen dürfen, weil alle Menschen und Seelen tief im Urgrund ihrer Seele Seine Kinder sind, Geist aus Seinem Geiste.

Gott ist in uns. Gott ist in allen Seinen Geschöpfen. Er ist in allen Tieren und Pflanzen, in den Mineralien und im ganzen Universum. Gott ist das Leben, und es gibt kein Leben außer Gott.

Gott ist die Kraft, die in den Atomen wirkt, in den Quanten und in allen Universen. Er ist die Kraft, die alle Sonnen und Planeten in ihren Bahnen lenkt. Gott ist ewige Evolution. Alle Universen und die Natur geben Zeugnis davon.

Weil Gott, der universale Schöpfergeist, Liebe ist, sandte Er aus Seiner Liebe erneut einen großen Propheten, diesmal eine große Prophetin, in diese Zeitenwende hinein, um die Menschen abermals zur Umkehr zu rufen.
Durch den Tröster, den Jesus von Nazareth uns Menschen vor 2000 Jahren verheißen hat, führt der Christus-Gottes-Geist uns in alle Wahrheit, soweit wir Menschen diese kosmische Wahrheit erfassen können – und das alles ohne Bindungen und ohne Priester, ohne Dogmen und Rituale, ohne Sakramente und Hostien, ohne Heilige und Häuser aus Stein, ohne Mitgliedschaften und ohne finanzielle Zwangsbeiträge.

Wir leben in einer Zeitenwende

Durch Seine Prophetin und Botschafterin in unserer Zeit, Gabriele, erklärt und lehrt uns der Freie Geist, der Christus Gottes, erneut die Anwendung der Gesetze des Lebens, die als Auszüge in den Zehn Geboten durch Mose und in der Bergpredigt des Jesus von Nazareth zu finden sind. Er lehrt uns, wie die Seele des Menschen den Heimweg in das ewige Vaterhaus beschreiten kann – ebenfalls anhand der Zehn Gottesgebote durch Mose und der schrittweisen Erfüllung der Bergpredigt des Jesus von Nazareth.

Wir leben in der Tat in einer Zeitenwende: Schon zu biblischen Zeiten sandte Gott, der Ewige, immer dann Seine Propheten zu den Menschen, wenn große Veränderungen bevorstanden, damals meistens durch Kriege und Plagen.

In der heutigen Zeit, schon Anfang der 1980er Jahre, gab es die ersten deutlichen Offenbarungen des Gottesgeistes zum Klimawandel und zum Zustand dieser Erde. Die geistig-göttliche Welt hat gewarnt und gemahnt, hat die Menschheit immer wieder gebeten, umzukehren und damit den Klimawandel abzumildern.

Auch die Kirchenführer und der damalige polnische Papst wurden 1980 und 1981 direkt vom Christus-Gottes-Geist im Prophetischen Wort in brieflicher Form angesprochen.

Die geistige Welt offenbarte sich im Prophetischen Wort; die Prophetin Gottes schrieb das Offenbarte nieder und die Briefe, der Inhalt, gegeben aus der geistig-göttlichen Welt, wurde den Kirchenführern und dem damaligen Papst zugestellt. Doch wie die Hybris der Kirchenmänner vermuten ließ: Eine Antwort blieb aus.

Doch keine Antwort ist auch eine Antwort. Und Gott, der Ewige, lässt Seiner nicht spotten.

Nachzulesen sind diese Briefe an die Kirchenführer in dem Buch „Der Schattenwelt Neue Kleider, Die Inquisition der Jetztzeit, Klimawandel: Gott hat rechtzeitig gewarnt!“, erschienen 2006 im Verlag Das Wort.

Wer sitzt auf dem Stuhl Petri?

Was auf die ersten öffentlichen Veranstaltungen folgte, in denen der Gottesgeist im Prophetischen Wort auch direkt gegen den Missbrauch des Namens Christus durch die Kirchen sprach und gegen die Kirchenhierarchie, waren übelste Verleumdungen und Rufmordkampagnen der institutionellen Amtskirchen gegen das lebendige Wort Gottes durch Prophetenmund, gegen die Prophetin Gottes und gegen die Nachfolger des Jesus von Nazareth. Dies war und ist moderne Inquisition. Und so wie die frühere Inquisition Handlangerin des Widersachers Gottes war, so erwies sich auch die moderne Inquisition als kirchliches Mittel, um gegen Christus und Seine Nachfolger vorzugehen.
Nachzulesen ist dies unter anderem in dem Buch „Des Satans alte Kleider", das ebenfalls im Verlag Das Wort erschienen ist.
Mit anderen Worten gesagt: Der Kampf der „alten Schlange", wie es bereits in der Bibel heißt, gegen die Nachfolger des Jesus von Nazareth wurde fortgeführt – ähnlich wie in den Zeiten der früheren Inquisition, nur diesmal mit anderen Mitteln. Der Chef der vatikanischen Nachfolgebehörde der „Inquisition" war in jener Zeit Kardinal Joseph Ratzinger, der spätere Papst.

Wer Ohren hat der höre! Wer sitzt auf dem Stuhl Petri?

Wie in den vergangenen Tausenden von Jahren kämpft der Widersacher Christi bis heute gegen die Gottesprophetie, und zwar durch die Priesterkaste – weil der Geist der Wahrheit, der Christus Gottes, durch Prophetenmund deren Falschmünzerei und Zugehörigkeit zum Gott der Unterwelt offenlegt.

Schon Jesus von Nazareth sprach zu Seinen Gegnern: *„Ihr habt den Teufel zum Vater!"* (Joh 8, 44) Gemeint war die damalige Priesterkaste, die das Volk verführte und die sich in späteren Zeiten des sogenannten Christentums bemächtigte.
Und selbst in den Bibeln der Kirchen kann man ein ganzes Kapitel (Matthäus 23) darüber nachlesen, was Jesus von Nazareth der damaligen Priesterschaft alles entgegnete und wie Er sie vor dem Volk vollkommen klar und unmissverständlich als die Gegenspieler Gottes entlarvte – letztlich als Diener des Antichristen.

Wie ist es heute?
Der Geist Gottes weht, wo Er will. Der redende Gott Abrahams, Isaaks und Jakobs lässt sich von Kirchenmännern und Päpsten nicht den Mund verbieten.

Wir Menschen haben einen guten Freund zum Feind gemacht

Inzwischen ist das Christus-Gottes-Werk weltweit. Hunderte von Radio- und TV-Stationen verbreiten die Botschaft der Wahrheit in vielen Sprachen auf allen Kontinenten. Immer mehr Menschen erfassen, in welch einer Zeitenwende wir leben.

Aus der unglaublichen Fülle von Offenbarungen des Christus-Gottes-Geistes zu allen Bereichen des Lebens seien an dieser Stelle nur einige Auszüge zu unserem Thema, dem Klimawandel, angeführt. Wir finden sie in dem Buch: „Der All-Geist, Gott, spricht unmittelbar durch Seine Prophetin in unsere Zeit hinein. Er spricht nicht das Bibelwort". (Band 2)

Im Jahr 1991 offenbarte sich Gott-Vater:
„Welchem Schicksal gehen viele Völker und Nationen entgegen? Dem Schicksal der Zerstörung und Verwüstung.
Jesus von Nazareth sprach, was kommen wird, wenn die Menschen nicht umkehren. Sind sie umgekehrt? Sie haben ihren größten Freund zum Feind gemacht – ein Freund, der, seit die Menschheit besteht, der Menschheit Leben, Licht und Kraft gab; ein Freund, der sie ernährte, der sie tränkte, der ihnen Obdach, Wohnung und Nahrung bot.

Der Freund war der Planet Erde mit seiner Atmosphäre. Was haben die Menschen mit diesem Freund gemacht, mit dem Planeten Erde?
Sie vergiften die Natur. Sie schänden die gesamte Erde. Sie sprengen die Atmosphäre, ja sie bomben das Leben nieder. Die grausamsten Stoffe muss der Planet Erde erdulden. Viele Menschen kümmern sich wenig darum, ob der gute Freund leidet oder ob er gesund bleibt.
Der gute Freund ist erkrankt! Ja, er ist vergiftet von den chemischen Stoffen, von den atomaren Versuchen, von den Verunreinigungen der Gewässer und vielem mehr. Er ist so erkrankt, der gute Freund, dass er nun zum Feind der Menschen geworden ist.
Und diesen Feind kann kein Volk besiegen. Keine Nation kann ihn zertreten und zerbomben. Kein Volk kann ihn töten – einerlei welche Waffe es gebraucht. Kein Mensch kann diesen Feind niedermachen, niedertreten, in den Sumpf und in das Grauen stürzen. Er schüttelt sich – und was er hervorbringt, ist das, was die Menschen in den guten Freund hineingebombt haben: Zerstörung. ...
Und so werden sich die Aggressionen austoben. Und so wird die Erde alles Menschliche – alles, was ihr vom Menschen auferlegt wurde – abschütteln. Und die Meere werden vieles zudecken."

Das Barometer Natur zeigt auf, wo wir stehen

Der Christus Gottes, der als Jesus von Nazareth auf Erden war, offenbarte im Jahr 1993 Folgendes:

„O, ihr Menschen, ist euch bewusst, dass ihr ohne die Natur, ohne Tiere, Pflanzen und Mineralien, nicht leben könnt? ... Ich sage euch: Die Natur stirbt, und das sündhafte Menschengeschlecht stirbt aus. Lasst alle künstlichen Mittel, also künstlichen Stoffe – ihr nennt sie Düngemittel – hinweg; lasst alle künstlichen Stoffe von eurem physischen Körper hinweg, lasst also alles sein, dann seht ihr, wo die Natur steht. Und dann seht ihr auch, wo dieses sündhafte Menschengeschlecht steht. Nicht nur am Rande des Abgrunds, sondern vieles ist schon in der Tiefe und kann kaum mehr gehoben werden. ...
Und viele sagen immer noch: ‚Die Natur ist zu retten.' O Mensch, die Natur ist nur dann zu retten, wenn deine Seele zu retten ist. Und wenn du sagst, dein Körper ist von Bedeutung, diesen musst du retten – dann sage Ich, Christus, dir: Du hast ihn schon verloren!
Erkennet: Das Barometer Natur zeigt auf, wo die Menschheit steht. Doch Gott, unser ewiger Vater, berührt euch abermals durch Mich, Christus.

Er lässt euch nicht dahinsiechen. Er stürzt euch nicht ins Verderben. Die unendliche Liebe ruft euch durch Mich, Christus: Kommet alle zu Mir her, die ihr mühselig und beladen seid. Ich möchte euren Seelen das Heil bringen. ...
Wahrlich, wahrlich, Ich sage euch: Ich Bin im Wort wiedergekommen, um euch von den Fesseln der Sünde zu lösen, denn ihr sollt eingehen in das Licht, in den unendlichen Ozean der Liebe, Güte, der Gnade und Barmherzigkeit, in Gottes heiligen Odem."

Die Fesseln der Sünde sind alles, was gegen die Zehn Gebote Gottes und gegen die Lehren der Bergpredigt Jesu gerichtet ist. Die Sünde ist das Allzumenschliche. Worin einzelne Aspekte dieses Allzumenschlichen bestehen, das kann man auch in den Bibeln der Kirchen nachlesen. In der Genesis, auch 1. Buch Mose genannt, steht unmissverständlich:
„Dann sprach Gott: Hiermit übergebe ich euch alle Pflanzen auf der ganzen Erde, die Samen tragen, und alle Bäume mit samenhaltigen Früchten. Euch sollen sie zur Nahrung dienen. Allen Tieren des Feldes, allen Vögeln des Himmels und allem, was sich auf der Erde regt, was Lebensatem in sich hat, gebe ich alle grünen Pflanzen zur Nahrung. So geschah es. Gott sah alles an, was er gemacht hatte: Es war sehr gut." (1 Mose 1, 29 ff.)

Weshalb essen die Menschen dann Fleisch, weshalb quälen und malträtieren sie Milliarden von Tieren in der Massentierhaltung und in den Tierversuchen?
Wenn wir nach dem „Warum?" fragen, was den Zustand dieser Welt angeht, so kommen wir an zwei Fakten nicht vorbei.
Zwei Hauptverursacher für den Zustand dieser Welt und die globale Katastrophe sind nicht zu übersehen und für klare Analytiker sofort zu benennen:

Zum einen der nach Fleisch gierende und Fleisch verzehrende Homo sapiens mit seinen bestialischen Massentierhaltungssystemen, mit allen dazu gehörenden grausamen Nebenschauplätzen, einschließlich der Vernichtung von Urwäldern und Ackerland für die Schlachtviehwirtschaft, in wahrlich ungeheuerlichem Ausmaß.
In diesem Zusammenhang ist die dazu gehörende, von der chemischen Industrie inspirierte Landwirtschaft der Faktor Nr. 1, wenn es um das Artensterben geht. Ende Mai 2014 wurde eine Studie zum Artensterben veröffentlicht. Die Menschheit steht demnach *„am Rand des sechsten großen Massenaussterbens. ... Das geht aus einer neuen Studie hervor, die ... in der Fachzeitschrift ‚Science' veröffentlicht wurde."* (*rp-online*, 30.5.2014)

Gibt es eine Garantie dafür, dass die Menschheit von diesem Massenaussterben nicht betroffen sein wird?

Der zweite Hauptverursacher für den Zustand dieser Welt ist die den Mord an den Tieren und der Natur segnende Priesterkaste der äußeren Religionen, vor allem der institutionellen milliardenschweren Kirchenkonzerne katholisch und lutherisch, die sich das Wort „christlich“ nur zum Schein, zur Täuschung der Völker, angeeignet haben.

Seit Tausenden von Jahren kämpfen Priester äußerer Religionen und Kulturen gegen das Wort Gottes durch Seine Propheten und gegen Seine Gebote. Sie verführen, unterdrücken und manipulieren damit die Völker.

„Macht euch die Erde untertan“, katholisch und lutherisch verstanden, ist der Untergang der Menschheit, was der Klimakollaps beweist. Denn dieses Wort hatte ursprünglich eine ganz andere Bedeutung: Euch ist ein Garten voller Leben anvertraut, den ihr pflegen und in Liebe zum Schöpfergeist bebauen und bewahren sollt.

Und das wissen viele Theologen auch! Aber: Wozu haben sie die Menschen aufgefordert? Was haben sie gelehrt? Und was haben sie alles abgesegnet oder stillschweigend geduldet?

Der Katechismus: Ein Freibrief zur Schändung der Natur

Jesus von Nazareth sprach vor 2000 Jahren:
„An ihren Früchten werdet ihr sie erkennen. Erntet man etwa von Dornen Trauben oder von Disteln Feigen? Jeder gute Baum bringt gute Früchte hervor, ein schlechter Baum aber schlechte. Ein guter Baum kann keine schlechten Früchte hervorbringen und ein schlechter Baum keine guten." (Mt 7, 16ff.)

Wer die Kirchengeschichte kennt, der weiß, dass sie alles andere ist als die Nachfolge des Jesus von Nazareth. Die institutionellen Kirchen geben bis heute, durch Dogmen, Glaubensartikel und Kirchengesetze festgeschrieben, den Freibrief dafür, die Tiere und die Natur zu schänden, zu vergiften, zu quälen, zu morden, zu jagen, die Natur auszuplündern und alles Leben zu zerstören. Liest man die Lehraussagen der Kirchen in Bezug auf die Tiere, dann weiß man, welchen Kräften diese Kirchen in Wahrheit dienen.
Im katholischen Katechismus heißt es unter Rand-Nr. 2417:
„Somit darf man sich der Tiere zur Ernährung und zur Herstellung von Kleidern bedienen. Man darf sie zähmen, um sie dem Menschen bei der Arbeit und

in der Freizeit dienstbar zu machen. Medizinische und wissenschaftliche Tierversuche sind in vernünftigen Grenzen sittlich zulässig, weil sie dazu beitragen, menschliches Leben zu heilen und zu retten.“

Und weiter unter Rand-Nr. 2418:
„Es widerspricht der Würde des Menschen, Tiere nutzlos leiden zu lassen und zu töten. Auch ist es unwürdig, für sie Geld auszugeben, das in erster Linie menschliche Not lindern sollte. Man darf Tiere gern haben, soll ihnen aber nicht die Liebe zuwenden, die einzig Menschen gebührt.“

Hier ist Wachsamkeit geboten: Was sind das anderes als zur Kirchenlehre gewordene Meinungen von alten Männern, die von der Schöpfung Gottes nichts verstanden haben? Jesus von Nazareth lehrte das nicht. Und Gott, der Ewige, offenbarte durch Seine Prophetinnen und Propheten das genaue Gegenteil.

Der Klimawandel, der schon bald zum Klimakollaps wird, ist eine totale Bankrotterklärung der kirchlichen Institutionen und eine Frucht der Finsternis, eine Frucht der Lebensverachtung. Denn wer ist es, der fortwährend das Leben verachtet – obwohl es außerhalb von Gott, dem All-Schöpfer, kein Leben gibt?

Gerade die sich christlich nennenden äußeren Religionen mit ihren Priestern und Bischöfen, bis hin zum Papsttum, haben gänzlich versagt. Gibt sich hier der Antichrist zu erkennen?
Ist es etwa Christus, der die Zerstörung der Erde möchte? Hat Christus die Menschen etwa in Seiner Bergpredigt gelehrt, die Zerstörungen des Lebens auch noch zu segnen? Wenn nicht, wer lehrt und segnet solches – und in wessen Namen?

Durch die Auswirkungen des Klimawandels werden schon in naher Zukunft immer mehr Menschen sterben. Und so mancher wird nach seinem Hinscheiden feststellen: Die Seele des Menschen lebt ewig und die Seele, oder auch der wiedergeborene Mensch, erntet, was er gesät hat. Jeder, ausnahmslos jeder.

Überlieferte Schriften künden davon, so zum Beispiel heißt es bei Paulus: *„Gott lässt Seiner nicht spotten. Was der Mensch sät, wird der Mensch ernten."* Daher sei folgende Frage erlaubt: Was werden die Menschen ernten, die als maßgeblich Verantwortliche den Klimawandel gesät haben? Und was werden die Menschen ernten, die an dieser globalen Zerstörung der Erde ebenfalls einen schuldhaften Anteil haben?

Wenn die Seele des Menschen ewig lebt, heißt Verantwortung für das eigene Leben dann nicht auch: Verantwortung über den Tod hinaus? Verantwortung für die eigene Seele? Verantwortung für das eigene Empfinden, Fühlen, Denken, Reden und Tun?

Mit der Vernunft auf Kriegsfuß

Immer mehr Menschen können nicht mehr an einen strafenden Gott glauben, auch nicht an die Verdammung von Seelen nach dem Hinscheiden des Leibes in eine ewige Hölle mit ewigen Höllenqualen – so wie es die institutionellen Kirchen ihren Gläubigen zu glauben vorschreiben, unter Androhung der ewigen Verdammnis. Doch diese Drohbotschaft funktioniert nicht mehr, wie nicht zuletzt auch die hohen Kirchenaustrittszahlen beweisen.

Hand aufs Herz: Wer glaubt noch wirklich an die altertümlich anmutenden Kirchengesetz-Floskeln, an die unerfüllbaren Dogmen, ersonnen oftmals von boshaften Machtmenschen, von sogenannten Kirchenvätern der institutionellen milliardenschweren Kirchenkonzerne, unter denen aus heutiger juristischer Sicht auch zahlreiche Verbrecher waren?

Doch wer heute, im 21. Jahrhundert, nur einem einzigen dieser Jahrhunderte alten Kirchengesetze oder einem einzigen der zum Teil weit über tausend Jahre alten Dogmen zweifelnd gegenübersteht, ist laut verbindlicher Kirchenlehre umgehend auf ewig verdammt.
So steht es bis heute in den angeblich unfehlbaren Dogmen und Glaubensartikeln der Kirche, auch wenn die Priesterkaste das ihren Lemmingen oftmals tunlichst verschweigt.
Wer selbst in den Dogmensammlungen liest, der weiß aus erster Hand, was die Kirche so alles von ihm fordert – vor allem auch, die Vernunft auszuschalten –, um nicht der ewigen Verdammnis anheim zu fallen.

Ja, tatsächlich: Die Vernunft war den Priestermännern schon immer ein Dorn im Auge. In dem offiziellen Lehrbuch „Der Glaube der Kirche" von Josef Neuner und Heinrich Roos, Randnummer 55, kann man es nachlesen:
„Wer sagt, in der göttlichen Offenbarung gebe es nicht wahre Geheimnisse im eigentlichen Sinn, sondern die Glaubenssätze könnten durch die richtig gebildete Vernunft von den natürlichen Grundsätzen aus verstanden und bewiesen werden, der sei ausgeschlossen."

Also weg mit der Vernunft, aber schnell – wozu soll sie im Volk auch gut sein? Weg mit der Bildung des Volkes, denn sie schadet der Kirche!

Aber ist heute nicht alles besser, alles anders? Weit gefehlt: Das heutige Oberhaupt der katholischen Kirche denkt und redet auch nicht viel anders. Im April 2013 betete Papst Franziskus laut Radio Vatikan vom 20.4.2013 bei einer Frühmesse im Vatikanischen Gästehaus Santa Marta: *„Herr, befreie uns von der Versuchung des gesunden Menschenverstands!"*

Betrachtet man den Zustand dieser Welt, so erhält man in vielfältiger Hinsicht den Beweis, dass gerade die Mächtigen in Politik und Wirtschaft, der Adel ohnehin seit alters her, in sozusagen unvernünftiger Tradition eifrig bemüht sind, den Worten des Papstes nachzufolgen. Denn nur absolute Unvernunft hat die Menschheit dahin gebracht, dass sie in spätestens zwei bis drei Generationen an den Rand des Aussterbens kommen wird.

In Grunde verhöhnt und verspottet ein Papst hier die gläubigen Menschen – und auch die intellektuelle Elite des Abendlandes und der sogenannten christlichen Welt, und zwar mit den Worten:

„Es sind Christen mit gesundem Menschenverstand, aber nicht mehr. ... Wenn wir so wollen: Satelliten-Christen ... Solche Christen sind der Versuchung der weltlichen Klugheit erlegen.“
Jorge Bergoglio meint damit offenbar die Menschen, die aufgrund des gesunden Menschenverstands innerlich auf Distanz zur Kirche gegangen sind und die nur noch – vergleichbar einem Satelliten – das Zentrum der Kirche von weitem umkreisen. Und seine Schlussfolgerung ist dann:
„Der Herr befreie uns von der Versuchung des gesunden Menschenverstands.“

Dass auch der Papst selbst, und nicht erst seit heute, ein reichlich merkwürdiges Verhältnis zum gesunden Menschenverstand hat, zeigt auch ein Zitat von ihm aus einem seiner Bücher:
„Das Schlimmste, was einem Menschen passieren kann, ist, dass er sich von den Irrlichtern der Vernunft führen lässt.“ (zit. nach *Welt am Sonntag*, 14.4.2013)

Wann kommt die Trennung von Staat und Kirche?

Warum trotz solch entwürdigender und lebensverachtender kirchlicher Lehraussagen und Dogmen immer noch Menschen in diesen Glaubensverwaltungszentren ausharren, ist übrigens nicht das Geheimnis Gottes. Es hat zum einen mit Einschüchterung ganzer Dorfgemeinschaften und Gesellschaftsschichten zu tun, mit Manipulation, Druck, Zwang, Ängsten – und oftmals auch mit der ganz persönlichen Karriereplanung, wenn es um den eigenen Vorteil geht.
Zum anderen hängt es mit der staatlichen Gewalt zusammen, die den Kirchen in Deutschland milliardenschwere Subventionen zubilligt, um das hinterher trottende Volk bei der Stange zu halten – was sich dann bei den Wahlen für die Politiker auszahlen soll, nicht nur für die mit dem dicken „C“ im Parteinamen.
Das „C“ aber ist immer nur scheinheiliges Programm und steht in den allermeisten Fällen für das allzumenschliche, unchristliche Ego, für den antichristlichen Filz von Staat und Kirche.
Unterm Strich wären die Glaubensverwaltungskonzerne unter katholischer oder lutherischer Flagge schon längst in die ihnen wahrlich zustehende

geistige Bedeutungslosigkeit gefallen, wenn ihnen nicht kirchenhörige Politiker als Lobbyisten immer wieder bei Abstimmungen im Bundestag die Steigbügel halten würden. Das aber tun sie entgegen der für deutsche Politiker verpflichtenden Vorgaben durch die Verfassung, die eine strikte Trennung von Staat und Kirche fordert.

Viele Bürger empfinden es als völlig absurd und unnormal, dass z.B. alle Bischöfe direkt oder indirekt vom Staat bezahlt werden, obwohl doch in der deutschen Verfassung steht: „Es besteht keine Staatskirche."
Religionsfreiheit gibt es auch in Deutschland nur auf dem Papier - diese Erfahrung machen täglich Zigtausende Steuer zahlende Bürger, die sich nicht von den institutionellen Kirchen abhängig gemacht haben, sondern Jesus von Nazareth nachfolgen.
Denn was hat es mit Religionsfreiheit zu tun, wenn jeder Bürger - ob Moslem, Jude, Buddhist, Atheist, Christ, oder sonstige Bürger - über das allgemeine Steueraufkommen fünfstellige Monatsgehälter der Bischöfe und die Ausbildung der Priester und Theologen an staatlichen Universitäten mitfinanziert - eben jener Theologen, die dann das „Anathema sit", das „Der sei ausgeschlossen", das „Der sei verflucht" über ihre Mitbürger ausgießen und sie

somit in eine angebliche ewige Verdammnis schicken? Im Alltag bedeutet das zunächst einmal Ausgrenzung und völlige Ignorierung von ehrlichen, Steuer zahlenden Bürgern, nur weil sie den institutionellen Glaubenskonzernen nicht zum Munde reden. Das nennt man dann auch noch „Religionsfreiheit"!

Jeder soll glauben dürfen, was er möchte. Warum sollen aber Andersgläubige und Nichtgläubige den Budenzauber, den Obskurantismus der kirchlichen Institutionen und ihre eigene Ausgrenzung aus der Gesellschaft auch noch mitfinanzieren, wie das in Deutschland durch die Milliardensubventionen für die Kirchen der Fall ist? Was hat das mit der im Grundgesetz verbrieften Religionsfreiheit zu tun?

Vegetarier – „gottlose Ketzer"?

Kirchengläubige müssen bis heute Vieles glauben, was in seinen Auswirkungen erheblich zum Klimakollaps beigetragen hat. Eine Frage dazu:
Wer hat den Menschen erlaubt, die Schöpfung Gottes, die Tiere, einzupferchen, zu jagen und zu essen? War es Gott, der Ewige – oder waren es nur die Priester?

Denn Gott, der Ewige, spricht auch in der Bibel ganz anders als die Priester. In der Genesis heißt es, wie bereits erwähnt:
„Dann sprach Gott: Hiermit übergebe ich euch alle Pflanzen auf der ganzen Erde, die Samen tragen, und alle Bäume mit samenhaltigen Früchten. Euch sollen sie zur Nahrung dienen.
Allen Tieren des Feldes, allen Vögeln des Himmels und allem, was sich auf der Erde regt, was Lebensatem in sich hat, gebe ich alle grünen Pflanzen zur Nahrung. So geschah es. Gott sah alles an, was er gemacht hatte: Es war sehr gut.“ (1. Mose 1, 29ff.)

Dreist wird jedoch von den Priestern und Theologen bis heute behauptet, Gott habe Seine Meinung nach der Sintflut plötzlich geändert.
Und in den Kirchenbibeln heißt es folglich einige Kapitel später:
„Furcht und Schrecken vor euch sei über allen Tieren auf Erden ... in eure Hände seien sie gegeben. Alles, was sich regt und lebt, das sei eure Speise, wie das grüne Kraut habe ich´s euch alles gegeben.“ (1. Mose 9, 2-3).
Diese Bibelstelle, die dem Schöpfungsbericht in der Bibel widerspricht, entstammt einer schriftlichen Vorlage, die von den Theologen „Priesterschrift“ genannt wird, weil sie von Priestern verfasst wurde.

Darin haben – zusammengefasst – Priester und Theologen zahllose Gottesworte gefälscht und in ihr Gegenteil verkehrt.
Und die „Furcht“ und der „Schrecken“, die durch den Gewaltmenschen dann tatsächlich über die Tiere hereingebrochen sind, die wurden seither immer schlimmer – bis in unsere Zeit.
Doch Gott, der Ewige, hat den Menschen niemals erlaubt, „Furcht und Schrecken“ über die Tiere und die ganze Mutter Erde zu bringen. Diese angebliche Erlaubnis haben nur die Theologen den Menschen gegeben. Damals und heute.
Wachet auf, ruft uns die Stimme!

Und so haben die Priester die angeblich von Gott befohlenen Tieropfer in die Bibel hineingeschrieben. Doch die echten Gottespropheten haben laut Bibel gegen diese Fälschung machtvoll ihre Stimme erhoben.
So spricht Gott, der Ewige, zum Beispiel durch den Propheten Jeremia:
„Denn ich habe euren Vätern, als ich sie aus Ägypten herausführte, nichts gesagt und nichts befohlen, was Brandopfer und Schlachtopfer betrifft. Vielmehr gab ich ihnen folgendes Gebot: Hört auf meine Stimme, dann will ich euer Gott sein, und ihr sollt mein Volk sein.“ (7, 22-23)

Und Gott sprach weiter durch den Propheten:
„Sie ... aber folgten den Eingebungen und Trieben ihres bösen Herzens.“ (7, 24)
Und dazu gehört das Schlachten der Tiere, zum angeblichen Opfer oder nur zum Gaumengenuss – wie im sogenannten Abendland, das sich „christlich“ nennt. Doch der Mord an den Tieren ist der Tod der Menschen – was nicht zuletzt der Klimakollaps beweisen wird.

Im Gegensatz zu den Lehren der wahren Gottespropheten und von Jesus von Nazareth verkündet die katholische Kirche bis heute: Alle Vegetarier auf Erden sind immer noch gottlose Ketzer und auf ewig verdammt.

Auf der Synode von Toledo im Jahr 447 wurde der bis heute gültige Bannfluch beschlossen:
„Wer sagt oder glaubt, man müsse sich vom Fleisch der Vögel oder des Viehs, das zur Speise gegeben ist, nicht nur um der Züchtigung des Leibes willen enthalten, sondern es verabscheuen, anathema sit“ = Der sei verflucht.
(Heinrich Denzinger, „Kompendium der Glaubensbekenntnisse und kirchlichen Lehrentscheidungen“, herausgegeben von Peter Hünermann, 43. Auflage, Freiburg 2011. Lehrsatz Nr. 207)

Wer sich also auch außerhalb von kirchlichen Fastenbräuchen vegetarisch ernährt, weil er die Tiere liebt und weil er nicht möchte, dass seine Mitgeschöpfe für seinen Gaumengenuss gequält und geschlachtet werden, der muss laut römisch-katholischer Kirche wegen dieser Tierliebe später ins ewige Höllenfeuer.

Diese furchtbare Lehre wurde dann unter Papst Johannes III. (561-574) auf der 1. Synode von Braga in einem weiteren Bannfluch gegen Vegetarier bekräftigt, der ebenfalls bis heute zu den verbindlichen Lehraussagen des Katholizismus gehört. Dieser lautet: *„Wer die Fleischspeisen, die Gott zum Gebrauch der Menschen verliehen hat, für unrein hält und ... sich ihrer so enthält, dass er nicht einmal von Gemüse, das mit Fleisch gekocht wurde, kostet ..., der sei mit dem Anathema [= Bannfluch] belegt."*
(Heinrich Denzinger, a.a.O., Lehrsatz Nr. 464)

Um die damaligen Kirchenführer vielleicht etwas gnädiger zu stimmen, hätten die Christen also zumindest in Fleischsoße gekochtes Gemüse essen müssen, um vielleicht der Verdammung in eine angeblich ewige Hölle durch die Kleriker gerade noch entgehen zu können. Wer aber nicht dazu bereit ist, den trifft damals wie heute der katholische

Bannfluch, der in der Kirchengeschichte bekanntlich immer wieder auch das Todesurteil bedeutete. Diese dreiste unwahre Behauptung, dass Gott uns Menschen die Fleischspeisen zum Genuss gegeben habe, führt die Menschheit in den Untergang durch den Klimakollaps – und sie widerspricht völlig dem, was in der Genesis, dem 1. Buch Mose, offenbart ist.

Auch von den Aposteln ist überliefert, dass sie Fleischspeisen ablehnten. Einige Beispiele:

* Petrus erklärt, *„er lebe von Brot und Oliven, denen er teilweise Gemüse zufüge."* Und er erklärt: *„Das widernatürliche Essen von Fleisch ist ebenso vergiftend wie die heidnische Anbetung von Teufeln mit ihren Opferungen und unreinen Festen. Durch Teilnahme daran wird der Mensch zum Tischgenossen von Teufeln."* (Clementinische Homilien, XII, 6)

* Ähnliches wird vom Jünger Matthäus berichtet. Der von Freund und Gegner als zuverlässig anerkannte Kirchenvater Clemens von Alexandrien (3. Jahrhundert) schreibt über Matthäus, dass dieser *„von Pflanzenspeisen lebte und kein Fleisch berührte"* (Paidagogos [= „Der Pädagoge", das erste christliche Ethikbuch] II. 1, 16)

* Über Jakobus, den Bruder von Jesus, schreibt der Zeitgenosse Hegesipp in seinen „Erinnerungen“: *„Er genoss weder Wein noch Rauschtrank; auch aß er kein Fleisch“* (zit. nach Eusebius, Kirchengeschichte II 23, zit. nach Bibliothek der Kirchenväter, unifr.ch/bkv/)

* Auch die anderen Apostel und Jünger waren nach dem Zeugnis der Schriftsteller des 2. Jahrhunderts Vegetarier.

* Kirchenschriftsteller Quintus Septimus Tertullianus teilt die Christen in zwei Gruppen: Die „wahren Christen“, die sich des Fleisches enthalten, und die „Leiber ohne Seelen“, welche Fleisch essen. Er schreibt:
  „Wie soll ich es bezeichnen, dass ihr glaubt, wir seien nach Menschenblut begierig, da ihr doch wisst, dass wir das Tierblut verabscheuen!“ (Apologeticum, Cap. 9)

* Basilius der Große, Erzbischof von Caesarea, ebenfalls „Kirchenvater“, überlieferte folgende Aussage: *„Solange man mäßig lebt, wird das Glück des Hauses sich mehren; die Tiere werden sich in Sicherheit befinden; man wird kein Blut vergießen, keine Tiere töten. ... Die Tafel wird nur*

bedeckt mit Früchten, welche die Natur spendet, und man wird sich damit genügen lassen." (zit. nach Carl Anders Skriver, „Die vergessenen Anfänge der Schöpfung und des Christentums", Lübeck 1977, S. 123) Oder: *„Man kann schwerlich die Tugend lieben, wenn man sich an Fleischgerichten und Festmahlen erfreut."* (Basilius, zit. nach Skriver, „Stephanus, die nazoräische Botschaft", S. 22)

* Kirchenvater Gregor von Nazianz (ca. 330-390) erklärte:
  „Die Schwelgerei in Fleischgerichten ist ein schändliches Unrecht, und ich wünsche, dass ihr vor allen Dingen bestrebt sein möget, eurer Seele eine Nahrung zu reichen, welche ewige Dauer hat." (zit. nach Robert Springer, Enkarpa, Kulturgeschichte der Menschheit im Lichte der pythagoräischen Lehre, Hannover 1984, S. 268 ff.)

* Johannes Chrysostomos (ca. 349-407; Erzbischof von Konstantinopel) berichtete über eine Gruppe von Urchristen:
  „Keine Ströme von Blut fließen bei ihnen, kein Fleisch wird geschlachtet und zerhackt ... Bei ihnen riecht man nicht den schrecklichen Dunst des Fleischmahles." (Kommentar zum Matthäusevangelium, Homilie 69, Kap. XXII, V.1-14.)

* Ein wichtiges Zeugnis dafür, dass die vegetarische Ernährung der ersten Christen auf Jesus von Nazareth selbst zurückgeht, gibt ausgerechnet der von der Kirche heiliggesprochene Kirchenvater Hieronymus (347-420).
Er erstellte vor ca. 1600 Jahren die bis heute katholisch verbindliche Bibel in lateinischer Sprache, die sogenannte Vulgata. Und in einem Brief an Juvenian schrieb der Bibelübersetzer Hieronymus einen gerade für die heutige Zeit sehr brisanten Satz:
„Der Genuss des Tierfleisches war bis zur Sintflut unbekannt; aber seit der Sintflut hat man uns die Fasern und die stinkenden Säfte des Tierfleisches in den Mund gestopft ...
Jesus Christus, welcher erschien, als die Zeit erfüllt war, hat das Ende wieder mit dem Anfang verknüpft, so dass uns jetzt nicht mehr erlaubt ist, Tierfleisch zu essen." (Adversum Jovinianum, I, 18)

Hieronymus wusste also, dass Jesus von Nazareth auch für die Tiere gekommen war. Der „Anfang", das war der Beginn der Schöpfung, als Gott Menschen und Tieren die Pflanzen der Erde zur Nahrung gab und als Er sprach: „Siehe, es war sehr gut." Am „Ende" soll nun dieser Schöpfungsfriede zwischen Mensch und Tier wiederhergestellt werden, damit es wieder sehr gut wird – so, wie es am Anfang war. Christen ist es deshalb nicht mehr erlaubt, so Hieronymus, Tierfleisch zu essen.

Soweit also der Bibelübersetzer Hieronymus, der von der Kirche als sogenannter „Heiliger" verehrt wird. Weshalb folgen die Leitfiguren der Kirche nicht einmal den Aussagen ihrer eigenen Heiligen? Warum?
Der Antichrist wird die Antwort kennen.

Hier muss sich aber auch Hieronymus die Frage gefallen lassen:
Warum steht die von ihm hier dargelegte christliche Lehre dann nicht in der von ihm herausgegebenen lateinischen Bibel? Obwohl es auch sogenannte apokryphe Schriften außerhalb der Bibel gibt, in denen zweifelsfrei davon berichtet wird? Hat sich also Hieronymus dafür missbrauchen lassen, ein Werk zu veröffentlichen, das die Priesterkaste und kirchliche Generationen vor ihm bereits vielfach gefälscht haben?
So kannte Hieronymus nachweislich noch einige der Urschriften, bevor sie gefälscht wurden, z.B. ein Ur-Matthäusevangelium, das sich inhaltlich an sehr vielen Stellen von dem späteren Bibeltext unterscheidet.

Eines scheint klar: Hieronymus hätte um sein Leben fürchten müssen, wenn er versucht hätte, wahrheitsgemäß das Verbrechen an den Tieren und die Botschaft von Jesus über die Tiere mit in die lateinische Bibel aufzunehmen.

Dass die Nachfolger des Nazareners Vegetarier waren, machte sie für die Menschen im Volk und bei den Mächtigen in Staat und Kirche, die noch sehr an den alten Blutopfer-Bräuchen des Baalskultes hingen, zu Ketzern, zu einer Randgruppe, die es zu bekämpfen galt.
Und wie ist es denn heute?

Noch einmal: Der Mord an den Tieren ist der Untergang der Menschen durch den Klimakollaps. Die Interpretation der Worte Gottes *„Macht euch die Erde untertan!“* durch die Priesterkaste der Institution Kirche und durch das Tun derjenigen, die der Priesterkaste hörig waren und sind, ist der Untergang der Menschheit.

Die Früchte der Kirchen werden offenbar. Durch ihre eigene Saat, die fortwährende Zerstörung und Missachtung des Lebens, werden auch die Institutionen Kirche durch den Klimakollaps untergehen.

Kapitel 6

Gott steht über allen Religionen

Viele Menschen haben sich an religiöse Bräuche und „Traditionen“ so sehr gewöhnt, dass sie diese kaum jemals in Frage stellen – und schon gar nicht darüber nachdenken, wer sie sich eigentlich ursprünglich einmal ausgedacht hat. Etwa Gott? Sicher nicht!

Nehmen wir zum Beispiel die „letzte Ölung“ eines Hinscheidenden. So lehrte der „heilige“ Papst Pius X. (1903-1914) bis heute kirchlich verbindlich, dass durch den ölenden Priester alle jemals begangenen Sünden des Sterbenden angeblich vergeben würden. Wörtlich:

„In einem wirklichen Notfall genügt die Form: ‚Durch diese heilige Salbung vergebe dir der Herr alles, was du gefehlt hast. Amen.‘“ (Dekret des Heiligen Offiziums, 25.4.1906, zit. nach Denzinger/Hünermann, a.a.O., Lehrsatz Nr. 3391).

Soll diese Handlung der Priestermänner tatsächlich alle Ungerechtigkeiten, die der sterbende Mensch im Leben begangen hat, alle Schuld, die er auf sich geladen hat, einfach aufheben können – all die begangenen Untaten gleich Sünden, die eine Übertretung der Zehn Gebote Gottes und der Bergpredigt Jesu bedeuten, die also oftmals eine tiefe sündhafte Charakterprägung der Seele sind und somit Seelenstrahlung? Und das alles nur durch die zeremonielle Handlung eines ebenfalls sündigen Priesters?

Jesus von Nazareth lehrte das nicht. Ist es dann nicht in Wirklichkeit antichristlich?

Keine äußere „letzte Ölung“ kann das Gesetz von Saat und Ernte beiseite schieben. Wer trotzdem darauf baut, wird von den Priestern im wahrsten Sinne des Wortes für dumm verkauft, um nicht zu sagen: angeschmiert.
Äußere Ölungen zur Aufhebung persönlicher, innerer Seelenschuld beleben lediglich das Geschäft der Priesterkaste, wiederum wie „geschmiert“, in diesem Fall das Geschäft der Kirchen mit dem Sterben und Tod der Menschen.

Das uralte Menschheitswissen um die Wiederverkörperung der Seelen, die Reinkarnation, wurde im sogenannten Abendland beinahe ausgerottet – durch eine 1700 Jahre währende institutionelle und diktatorische Prägung der Völker des Abendlandes durch die Kirchen, fortwährend eingebläut über Jahrhunderte mit Feuer und Schwert, bis der letzte Widerstand des wissenden, denkenden Volkes und der Vernunft gebrochen war.

Angst vor dem Pfarrer?

Tiefere analytische Gedanken über die Reinkarnation der Seelen und sich daraus ergebene Konsequenzen können und wollen in unserer über die Jahrhunderte von angeblich christlichen Kirchen geprägten Gesellschaft noch immer viele Mitmenschen für sich nicht zulassen. Zu groß ist oftmals die Angst vor subtilen, aber sehr spürbaren kirchlichen Repressalien.

Gerade in kirchlich geprägten Dörfern und Kleinstädten spielen sich noch heute ausgesprochen mittelalterliche Verhaltensweisen ab, die so mancher Großstädter sich gar nicht mehr vorstellen kann.

Warum eigentlich diese Angst vor dem Pfarrer, vor dem Druck der Dorfgemeinschaft, wenn als amtskirchliche Aussicht für ein Leben nach dem Tod in der Regel die ewige Verdammnis gelehrt wird?

Denn von mindestens einer und meistens gar mehreren der vielen Hundert bis heute kirchlich verbindlichen Verfluchungen wird doch jeder Gläubige getroffen!

Eine mögliche Erklärung wäre: Zu tief sitzt im Unterbewusstsein der Völker die 1700 Jahre lange Prägung durch die totalitäre Priesterorganisation Kirche, die man durchaus als fast flächendeckende „Gehirnwäsche" bezeichnen könnte – eine Prägung, die mit brutaler Gewalt durch die Jahrhunderte hinweg mit Feuer und Schwert in das kollektive Bewusstsein der Völker eindrang, es manipulierte, und die mit ihrer dogmatischen Lehre einer angeblich ewigen Verdammnis derart viel Unheil über die Menschheit gebracht hat wie kaum eine andere Organisation dieser Welt, gleich wie sie auch heißen mag.

Wer die Dogmen und Glaubensartikel selbst liest, kann leicht prüfen, ob er in seinem Leben tatsächlich alles so halten kann, wie es den sogenannten „Laien" vorgegeben ist.
Und dann mag jeder eine Entscheidung treffen: Es geht schließlich um das Leben der Seele, um die Gestaltung des eigenen Erdenlebens, damit es im Jenseits kein böses Erwachen gibt – was vermutlich leider viel zu oft der Fall ist.

Der weltberühmte Psychoanalytiker und Buchautor Erich Fromm schrieb über die Kirche: *„Sie hat die Aufgabe, die psychische Selbständigkeit der Masse zu verhindern, sie intellektuell einzuschüchtern, sie in die gesellschaftlich notwendige infantile Gefügigkeit den Herrschenden gegenüber zu bringen."*

(Die Entwicklung des Christusdogmas, S. 22; zit. nach Alfred Lévy, „Erich Fromm - Humanist zwischen Tradition und Utopie", Würzburg 2002, S. 57)

Wer Ohren hat, der höre!

Verantwortung für das eigene Leben

Gott, der Ewige, hat durch Seine Propheten keine Dogmen und Kirchengesetze offenbart.
Er ist das All-Bewusstsein, der Freie Geist, den uns Jesus von Nazareth als den liebenden himmlischen Vater nahebrachte.
Er gab uns durch Mose die Zehn Gebote und durch Jesus von Nazareth die hohen ethischen Lehren der Bergpredigt, damit wir herausfinden aus dem Rad der Wiedergeburt.

Das Wissen um die Reinkarnation wird auch deshalb in vielen Kreisen unserer angeblich christlichen Gesellschaft missachtet, weil dieses uralte mystische Grundwissen der Menschheit von institutionellen „christlichen" Priestern, bewusst oder unbewusst, falsch interpretiert wird. Mithilfe einer perfiden Verleumdungs- und Verschleierungstaktik wird es zum einen verteufelt – und zum andern ins Lächerliche gezogen.

Es geht der Priesterkaste darum, die kosmische Wahrheit hinter der Lehre von der Reinkarnation schlichtweg zu verbergen und die tiefe Weisheit darin unkenntlich und somit für geistige Wahrheitssucher unseriös zu machen, um diese dann unter Androhung ewiger Verdammnis an die eigene Kirche zu binden. Das aber ist Obskurantismus in Reinform.

Ein weiterer Grund kommt hinzu: Wer die Reinkarnation für wahr hält, der sagt auch ja zu einer echten Verantwortung für sein Leben über den Tod hinaus, so wie es bei Paulus auch in den Bibeln der Kirchen steht: *„Gott lässt Seiner nicht spotten. Was der Mensch sät, wird der Mensch ernten."*

Doch oberflächlich wird das Ganze oftmals damit abgetan, dass man sich als Mensch einfach nicht vorstellen will, dass zum Beispiel die Seele des Mannes oder der Frau, die Seele des Großvaters

oder der Großmutter, oder die Seele des früh gestorbenen Kindes, oder die Seele des Urahnen, oder, oder, oder, nun in einem neuen Menschenkörper als Baby im Bettchen liegt – in dem Bettchen, das eventuell der Urgroßvater noch selber gebaut hat –, weil die Seele des Verstorbenen nun die Möglichkeit erhält, mit ihren ehemaligen Mitmenschen, denen sie unter anderen Voraussetzungen begegnet, einiges an sündhaften Ursachen, an Allzumenschlichem, zu bereinigen, also wiedergutzumachen oder abzutragen.
Die Kommentare der versammelten Verwandtschaft über das Neugeborene lauten oftmals dennoch: „Ganz der Großvater, die Großmutter, der Onkel, die Tante ... was für eine erstaunliche Ähnlichkeit!" Oder später: „Der Enkel schneidet das Brot genau wie der Großvater ... Schau doch mal, das Kind hat Augen wie der Großvater, die Großmutter ..."
Dass darin geistige Hinweise liegen könnten, die darauf hindeuten, dass zum Beispiel im Urenkel oder Ururenkel die Seele des wiedergeborenen Großvaters lebt, finden viele Zeitgenossen abwegig. Dass nicht sein kann, was nicht sein darf, heißt es in der Dichtung.

Eine ewige Verdammnis hingegen, ewige Höllenqualen, *die* kann man akzeptieren, *die* kann man

sich vorstellen. Wenn der Herr Pfarrer das sagt, wird es schon irgendwie stimmen. Wenn auch ein wenig grausam, oder?
Diese furchtbare Lehre stimmt aber nicht!

Doch das „darf sein“, denn es wurde ja den Seelen und Menschen mit Feuer und Schwert, durch Folter und bestialische Ermordung der nächsten Familienangehörigen, der Kinder, der Mütter und Väter, Jahrhunderte lang eingebläut, sodass ganze Generationen den Priestern der Institutionen huldigen, auch wenn diese das genaue Gegenteil von dem tun und lehren, was Jesus von Nazareth lehrte und vorlebte.

Was gerade an Beispielen geschildert wurde, waren zwar fiktive Situationen – doch so oder ähnlich sind sie unzählige Male geschehen. Ehemaligen Kirchenchristen kommt dies sicher gut bekannt vor.

Gott ist in jedem selbst vertreten

Die geistige Erkenntnis, dass es Reinkarnation gibt und dass die Seele des Menschen ewig lebt, ist so alt wie die Menschheit selbst und in jeder Kultur zu finden. Doch dann kamen immer wieder die Zauberer, die Priester der verschiedenen altertümlichen Kultreligionen des Mithraskults, des Baalskults und anderer, in denen ausschließlich der Priester im Mittelpunkt steht und sich dreist als Mittler zwischen Gott und Seine Kinder stellt. Dabei ist doch Gott, der Ewige, der Schöpfergott, der Mittelpunkt, der selbst vertreten ist in allen und allem, was lebt.

Doch das Volk dient noch immer weihrauchtrunken dem Götzentum, gegen das Jesus von Nazareth sein kurzes Leben lang aufklärte.

Wo ist denn nach 2000 Jahren das Volk Gottes in Seinem Geiste, das Seine Lehren und die Gebote Gottes erfüllt? Wo ist es?

Kulte, rituelle Handlungen und Zeremonien, die durch die Priesterkaste ausgeführt wurden, traten schon früh in der Menschheitsgeschichte in den Mittelpunkt des angeblich religiösen, in Wahrheit jedoch astralbezogenen Lebens.

Um darüber aufzuklären, dass das nicht Gottes Willen entspricht, sandte Gott, der Ewige, Seinen Sohn, Jesus von Nazareth, und immer wieder Seine Propheten zu den Menschen – bis in die heutige Zeit. Und sie kündeten zu allen Zeiten von dem ewigen Leben der Seelen und von der Wiedergeburt der Seelen als Menschen.

Die kosmische Wahrheit, dass der Schöpfergott in uns ist, dass Gott in Seiner ganzen Schöpfung allgegenwärtig ist, dass die Seele ewig lebt, weil Gott der Urgrund in jeder Seele ist, dass Gott, der Ewige, ein Gott der Liebe ist, und vor allem auch die Lehre von der Reinkarnation wurden seit der Frühzeit der Menschheit von der Priesterkaste und den Machthabern verteufelt, unterdrückt, bekämpft.
Viele Gottespropheten wurden verfolgt und umgebracht. „Löschet das Wort Gottes durch Seine Propheten aus!" Das ist das Credo der Priesterkaste, bis zum heutigen Tag.

Auch die vielen Nachfolger des Jesus von Nazareth wurden immer wieder verfolgt und ausgerottet, denn das Wissen um die Wiedergeburt in das Fleisch, die Reinkarnationslehre, führt das gesamte Priestertum, ihre ganze antichristliche Hierarchie mit ihrem Machtgefüge aus Staat und Kirche, weltweit ad absurdum, denn: Wenn Gott im Innersten der Seele des Menschen wohnt, wozu braucht es dann einen Mittler mit dem Titel „Priester“? Wozu braucht es dann Bischöfe? Wozu Kirchen aus Stein? Wozu braucht es dann einen Papst? Wozu braucht es dann angeblich Heilige?

Nach der Ermordung des Jesus von Nazareth auf Anordnung der damaligen Priesterkaste kam die sogenannte katholische Amtskirche mit Feuer und Schwert und versuchte, den lebendigen prophetischen Geist für alle Zukunft ganz und gar auszulöschen. Und das betrieb sie über Generationen hinweg, ja über Jahrtausende. Immer wieder ertönte der Schlachtruf der Unterwelt durch den Mund der Priester: „Löschet den prophetischen Geist aus!“

Das uralte Menschheitswissen, wie die Seele des Menschen aus dem Rad der Wiedergeburt herausfindet, wurde von angeblich „heiligen“ Kirchenvätern verteufelt. Stattdessen – man mag es kaum glauben – haben sie mit höchst krimineller Energie und absolut dreist, um nicht zu sagen teuflisch, die bis heute gültige Kirchenlehre der ewigen Verdammnis eingeführt. Und seitdem lehren sie, dass der himmlische Vater, Gott, der Ewige, die All-Liebe, angeblich ein Richtergott, ein Kriegsgott oder gar ein Rachegott sei!

Das frühkatholische Gift

Hand aufs Herz: Wenn man in Schriften von angeblich Heiligen liest, wird man sehr schnell ernüchtert. Von „Kirchenvater" Augustinus bis hin zu Thomas von Aquin findet man unglaublich viel Unsinn und ungeistiges, intellektuelles, verschrobenes Gedankengut, was mit den Lehren des Jesus von Nazareth gar nichts zu tun hat. Jeder, der möchte, kann ja an so etwas glauben – doch christlich ist es nachweislich nicht. Ihre eigenen Schriften beweisen, dass diese Kirchenheiligen vom Geiste Gottes, der das Leben in allem und allen ist, überhaupt nichts erfasst hatten. Gar nichts. Im Gegenteil: Ihr Wirken und Lehren bewegte sich mehr oder weniger im Sinne des Antichristen. Ihre Schriften geben davon bis heute Zeugnis.

So vertrat z .B. Thomas von Aquin die Auffassung, die Frau sei ein *„verfehlter Mann"* (mas occasionatus; Summa Theologica, I/92/1), ein *„Missgriff der Natur"*; sie entstehe durch *„schadhaften Samen und feuchte Winde"* und sei dem Manne *„von Natur aus unterworfen."* Tiere waren für ihn bloße Sachen, die keine Empfindung wie der Mensch haben könnten. Augustinus stand ihm in Frauen- und Naturfeindlichkeit in nichts nach. Er forderte zudem, wie

Thomas von Aquin, die Hinrichtung von Häretikern und rechtfertigte die Folter gegen „Ketzer“ als *„Kur für die Seele“*. Soweit einige wenige Beispiele. Antichristliches Schriftgut der Kirchen, ihre Dogmen, Glaubensartikel und Kirchengesetze, werden nicht dadurch christlich, dass diese Unwahrheiten fortlaufend wiederholt werden. Ihr Gedankengut, das nur der jeweils herrschenden Klasse dienen soll, verkehrt die Lehren des Jesus von Nazareth in das genaue Gegenteil. Es ist das frühkatholische Gift der Kirchenväter von Augustinus bis Thomas von Aquin, im Grunde auch das Gift der Päpste, das bis heute die Völker manipuliert und somit nicht christlich ist, sondern antichristlich.

Wer also ist der Antichrist?

Die Schritt für Schritt gelebte Bergpredigt des Jesus von Nazareth wurde von den antichristlichen Wortführern und Machtmenschen innerhalb der Kirchenhierarchie im Verbund mit den Königshäusern und dem kirchenhörigen Adel, mit den weltlichen Machthabern und der sogenannten Obrigkeit schlechterdings zur Utopie erklärt. Die Zehn Gebote Gottes durch Mose haben die Kirchenoberen, wie die Geschichte aufzeigt, bis heute nicht erfüllt und vorgelebt – obwohl sie fast 2000 Jahre lang Zeit dafür hatten. Daher noch einmal die Frage: Wer ist der Antichrist?

Die Kirchenhierarchie, die Bischöfe und Priester, der Adel und die Machthaber stützen sich bis heute auf ein modriges Fundament, gegründet auf diversen Jahrtausend-Lügen, auf Intrigen und Konkordaten, auf Verbrechen und Kriegen – von der Konstantinischen Schenkung über die Leichensynode von Rom und die angebliche Enteignung durch Napoleon bis hin zur Abschöpfung von Steuermilliarden in der heutigen Zeit – alles unter dem Vorwand, ihre Stellung im Volk und ihr Habitus seien angeblich von Gott eingesetzt. Näheres dazu finden Sie z.B. auf der Internetseite theologe.de.

Jesus von Nazareth lehrte, dass ausschließlich die schrittweise Erfüllung der Bergpredigt und der Zehn Gebote Gottes die Richtlinien und der Maßstab sind für ein gottgewolltes Leben. Es ist die Handreichung Gottes, damit wir Menschen aus dem Rad der Wiederverkörperungen herauskommen. Es gibt keinen anderen Weg.

Auch wenn die institutionellen Glaubenskonzerne im Stile des Obskurantismus anderes verkünden und ihre Nutznießer in Politik und Wirtschaft den antichristlichen Verkündigungen ihren Beifall spenden: Der Zustand dieser Welt zeigt viele faule Früchte auf. Sind es nicht auch die Früchte der äußeren Religionen, einschließlich der faulen und letztlich tödlichen Frucht Klimakollaps?

Schauen wir auf die Glaubensinstitutionen: Sie zeigen bis heute keinen beschreitbaren Weg auf, der hinausführt aus Leid, Trübsal und innerer Not. Ganz im Gegenteil! Sonst würde die Erde anders aussehen und die Menschheit nicht im Klimakollaps untergehen.

Die vielen Riten, Kulte, Dogmen und Sakramente und vieles andere Brimborium mehr haben die Welt nicht besser gemacht. Ganz im Gegenteil! Auch kein Papst, kein einziger, hat die Welt bis heute besser gemacht. Wiederum: Ganz im Gegenteil! Jeglicher Fortschritt für die Menschheit musste gegen den Einfluss der Kirchenhierarchie, gegen den Adel und gegen die jeweiligen Machthaber erkämpft werden. Das ist die bittere historische Wahrheit. Und gerade was den Papst aus Argentinien betrifft, wird auch er eines Tages daran gemessen werden: Was sagte er? Aber was tat er oder ließ er zu, was geschah vor der Öffentlichkeit verborgen und wofür stand er, aufs Ganze gesehen, ein?

Anzubieten haben die Amtskirchen vor allem die ewige Verdammnis, die bereits dann eintreten soll, wenn man nicht alle ihre Dogmen und Lehrüberlieferungen befolgt. Doch wer ist dazu schon in der Lage? Wer weiß schon um alle die kirchlichen Vorschriften und befolgt sie auf das Genaueste, um nicht in die angedrohte ewige Verdammnis zu fallen? Wer?

Religiöse Lehraussagen gegen die kosmische Wahrheit der Reinkarnationslehre, woher sie auch kommen mögen, stehen auch im Gegensatz zu dem, was der Christus-Gottes-Geist dazu im Prophetischen Wort offenbart hat, und auch im Gegensatz zu dem, was jeder wahrheitssuchende Mensch schon in sich selbst als Wahrheit spürt und empfindet: Die Seele des Menschen lebt ewig.
Und wenn sie ewig lebt, dann war sie auch schon vor dem Erdenkörper erschaffen worden. Sonst wäre sie ja nicht ewig!

Gott würfelt nicht

Lassen wir uns nicht täuschen: Leben bedeutet viel, viel mehr als das, was die Mehrheit der Menschheit daraus gemacht hat und macht. Das wiederum beweist uns in der heutigen Zeit auch die Quantenphysik. Selbstverständlich liefert uns auch die Physik keinen Gottesbeweis.

Den Beweis, dass Gott existiert, kann jeder Mensch nur selbst in seinem eigenen Inneren erfahren.

Doch Gott, die All-Liebe, lässt sich finden, gemäß den Worten des Jesus von Nazareth, der sprach: *„Suchet, und ihr werdet finden. Klopfet an, und es wird euch aufgetan.“* (Mt 7, 7)

Die wirklich wichtigen Dinge des Lebens und Sterbens gehen über das institutionelle Kirchenbewusstsein unendlich weit hinaus. Mit dem Zitieren von Kirchenvätern ist die Kirche nämlich schon am Ende ihrer Weisheit angekommen. Über Gott, den Ewigen, über Seine Gesetze und das Leben im Geiste Gottes wissen und lehren die milliardenschweren institutionellen Kirchenkonzerne wahrlich nichts. Gar nichts.

Es *gibt* aber Antworten auf die Grundfragen des Lebens, die überkonfessionell sind. Das wiederum lässt vermuten, dass Gott, der All-Geist, das All-Bewusstsein, über allen Religionen steht. Somit gibt es keinen katholischen oder lutherischen oder orthodoxen Gott, oder, oder, oder.
Gott, der Ewige, hat Seine gesamte Schöpfung in Seine ehernen Gesetze eingebettet.

Albert Einstein schrieb sinngemäß: Gott würfelt nicht. Auch die wissenschaftlichen Erkenntnisse der Physik sprechen eine deutliche Sprache und geben Hinweise auf die unveränderlichen Gesetzmäßigkeiten des Kosmos. Der weltberühmte Physik-Nobelpreisträger Max Planck erklärt zum Beispiel:
„Als Physiker, der sein ganzes Leben der nüchternen Wissenschaft, der Erforschung der Materie, widmete, bin ich sicher von dem Verdacht frei, für einen Schwarmgeist gehalten zu werden. Und so sage ich nach meinen Erforschungen des Atoms dieses: Es gibt keine Materie an sich. Alle Materie entsteht und besteht nur durch eine Kraft, welche die Atomteilchen in Schwingung bringt und sie zum winzigsten Sonnensystem des Alls zusammenhält. Da es im ganzen Weltall aber weder eine intelligente Kraft noch eine ewige Kraft gibt, so müssen wir hinter dieser Kraft einen bewussten Geist annehmen.

Dieser Geist ist der Urgrund aller Materie. Nicht die sichtbare, aber vergängliche Materie ist das Reale, Wahre, Wirkliche – denn die Materie bestünde ohne den Geist überhaupt nicht –, sondern der unsichtbare, unsterbliche Geist ist das Wahre!
Da es aber Geist an sich ebenfalls nicht geben kann, sondern jeder Geist einem Wesen zugehört, müssen wir zwingend Geistwesen annehmen.
Da aber auch Geistwesen nicht aus sich selber sein können, sondern geschaffen werden müssen, so scheue ich mich nicht, diesen geheimnisvollen Schöpfer ebenso zu benennen, wie ihn alle Kulturvölker der Erde früherer Jahrtausende genannt haben: Gott!" (Archiv zur Geschichte der Max-Planck-Gesellschaft, Abt. Va, Rep. 11 Planck, Nr. 1797)

Wissenschaft am kirchlichen Gängelband?

Dieser Aussage des Nobelpreisträgers kann man nun einige Aussagen aus den Dogmensammlungen der Kirche gegenüberstellen, um zu sehen, wes Geistes Kind die Institutionen sind. Auch die Forschung und die Wissenschaft werden nämlich durch den Katechismus und durch angeblich unfehlbare Dogmen bzw. andere Kirchenlehren beschränkt, relativiert und unterschwellig zum Gehorsam gegenüber der

Kirche gezwungen. Unterm Strich besagen die Dogmen – und das knallhart: Jeder Wissenschaftler, jeder Nobelpreisträger hat sich jedem Priester und Bischof zu unterwerfen. Das ist bis heute gültige Kirchenlehre, und wer dagegen aufbegehrt, ist auf ewig verdammt.

In der Dogmensammlung „Der Glaube der Kirche“ von Neuner und Roos lesen wir unter Randnummer 56 den für unfehlbar erklärten Lehrsatz des 1. Vatikanischen Konzils:
„Wer sagt, die menschlichen Wissenschaften müssten mit solcher Freiheit behandelt werden, dass ihre Behauptungen ... von der Kirche nicht verworfen werden könnten ... anathema sit“, der sei verflucht.

Und unter Randnummer 108 wird Papst Leo XIII. aus dem Jahr 1893 zitiert. Dort heißt es:
„Der Leitsatz für die Forschung: Auch die weltliche Wissenschaft möge sich um die hohen Aufgaben katholischer Schriftauslegung bemühen.“

Als ob sich die Erkenntnisse der Quantenphysik beim Papst erst die Erlaubnis einholen müssten, dass sie existieren dürfen ...

Als ob der kosmische Quantencomputer, der alles speichert, was auf Erden geschieht, übrigens auch die Verbrechen des Papsttums, dem Papsttum untergeordnet wäre! Der Größenwahn der Menschen, vor allem der religiöse Machtwahn, kennt wahrlich keine Grenzen.

Die Autoren Neuner und Roos haben lange Auszüge aus einem Rundschreiben Papst Leos XIII. aus dem Jahr 1893 in ihre Lehrsatzsammlung mit aufgenommen und fassen die Essenz dieser päpstlichen Verlautbarung unter der Randnummer 99 dann wie folgt zusammen:
„Aber die Heilige Schrift ist Gotteswort, daher unfehlbar.“

Eine faustdicke Unwahrheit. Denn unzählige historische Fakten zeigen die tatsächliche Entstehungsgeschichte der sogenannten „Heiligen Schrift“ auf und beweisen das Gegenteil. In den Büchern von Karlheinz Deschner, vor allem in „Abermals krähte der Hahn“ oder in der „Kriminalgeschichte des Christentums“ und in vielen anderen Studien zur Bibel kann man es nachlesen.

Weiter fassen Neuner und Roos die päpstlichen Lehrsätze unter Randnummer 99 wie folgt zusammen:

„Nie darf die wissenschaftliche Forschung diese Tatsache außer Acht lassen ..., dass zwischen dem Wort der heiligen Schrift und den Ergebnissen der Wissenschaft kein Widerspruch bestehen kann.“

Und wenn die Naturwissenschaft, vor allem die Physik, die Hirngespinste der Kirchenlehrer völlig ad absurdum führen würde: Es darf nicht so sein, weil die Kirchenlehrer es nicht wollen. Und das gilt noch im 21. Jahrhundert. Und eine Institution, die solche fundamentalistische Lehraussagen vertritt, wird in Deutschland aus allgemeinen Steuergeldern mit ca. 17 Milliarden Euro jährlich subventioniert.

Unter Randnummer 103 lassen die Kirchenmänner die Katze ganz aus dem Sack:
„Viele Angriffe gegen die Heilige Schrift werden von Seiten der Naturwissenschaften gemacht. Sie sind deshalb so gefährlich, weil sie wegen ihrer großen Anschaulichkeit sehr bestechend wirken.“

Hier versuchen die Kirchenfunktionäre – voller Panik und Angst, ihre Macht über das Volk zu verlieren –, ihre eigenen allzumenschlichen Lehraussagen zu verteidigen. Doch sie treten selbst den Beweis an, dass diese Aussagen falsch sein müssen.

„Große Anschaulichkeit“ heißt doch nur, dass jedermann es leicht verstehen kann. Zu wem ist Jesus von Nazareth denn gekommen? Zu den Armen und Unterdrückten! Er kam nicht zu den Schriftgelehrten und Pharisäern, den Wortverdrehern, den Priestern und Hochgestellten. Warum hat Er, Jesus von Nazareth, völlig anschaulich dem Volk sogar in vielen Gleichnissen die Lehren der Bergpredigt gebracht?

Wer Ohren hat, der höre!
Dass es den Kirchenoberen nicht gefällt, wenn das Volk aufgeklärt wird, diese Tatsache ist so alt wie die Kirche selbst. Das bedeutet wiederum: Die Kirchenfunktionäre verteidigen wohl ihre Kirchenpfründe, nicht aber die Gesetze Gottes.

Unter Randnummer 103 in dem Werk „Der Glaube der Kirche in den Urkunden der Lehrverkündigung“ wird dann noch unverhohlen der Wissenschaft gedroht:
„Zwischen dem Theologen und dem Physiker kann es keinen wahren Gegensatz geben, wenn sich nur beide in ihren Grenzen halten.“
Klartext an die Physiker, an die Nobelpreisträger, auch an die großen Denker der Völker: Haltet den Mund und störet unsere Kreise nicht!

Ein letzter kläglicher Versuch der Priesterkaste, an ihrem dogmatischen, selbst erdichteten Gottesbild festzuhalten, um die Völker weiter an sich zu binden, anstatt sie dem Gott der Liebe zuzuführen, wie Jesus von Nazareth es uns lehrte.

Weiter versuchen die Kirchenmänner, wiederum unter Randnummer 103, die Wissenschaftler zu bedrohen und zu bevormunden:
„Sie [die Wissenschaftler] sollen sich nur nach der Mahnung des heiligen Augustinus richten und sich hüten, unerforschte Dinge bekannt zu nennen. ... Was sie [die Wissenschaftler] aber in ihren Werken im Widerspruch zu unserer Schrift, d.h. zum katholischen Glauben, vorbringen, davon müssen wir irgendwie zeigen oder doch in zweifellosem Glauben festhalten, dass es falsch ist."

Dieser kirchlich verbindliche Glaubensartikel muss dem puren Entsetzen der Kirchenoberen entsprungen sein, dass Gott, der All-Geist, sich nicht in Tabernakel und Oblaten sperren lässt, und dass die gesamte Priesterkaste samt ihren Kirchen aus Stein für Menschen und Seelen, die Gott, dem Ewigen näherkommen wollen, absolut überflüssig sind.

Wie klein ist doch die Theologie!

Und wer sich mit Augustinus näher befasst, erfährt, dass dieser Kirchenvater, wie bereits angedeutet, nach heutigen Maßstäben ein übler Verbrecher war, ein Befürworter von Folter, Mord und Totschlag von Menschen wie auch von Tieren, ein geistiger Brandstifter und barbarischer Unhold, unter dessen Lehraussagen über Jahrhunderte bis heute die ganze Schöpfung immer noch geknechtet und ausgebeutet wird. Bis zum bitteren Ende mit Namen Klimakollaps.

Doch solche Handlanger des Todes wurden und werden in der katholischen Kirche immer wieder zu Heiligen hochstilisiert, bis zum heutigen Tag, denn sie kämpften ja gegen das, was Jesus von Nazareth lehrte und vorlebte.

Und wenn unabhängige Naturwissenschaftler den wahren Schöpfergott erkennen und Ihn den Menschen beschreiben würden – es darf aus Sicht der Kirche einfach nicht sein. Doch wenn die Herren der Kirche wirklich glauben würden, dass Gott, der Ewige, sie berufen hätte, warum haben sie dann eigentlich eine solch große Heidenangst, so eine Panik vor der Wissenschaft?

Doch nur deshalb, weil sie, die Kirchenherren, befürchten, dass ihr falsches Spiel, ihr antichristlicher Kampf gegen den freien Geist der Wahrheit, für die Mehrheit der Menschen allzu offensichtlich wird, und mehr und mehr Menschen von dem fortwährenden Kampf der Priesterkaste gegen Christus erfahren. Sie befürchten, dass viele in dieser Erkenntnis dann umkehren und dem Rachen der „alten Schlange“ entkommen, indem sie das tun, was Jesus von Nazareth, der Christus Gottes, die Menschheit lehrte.

Gott, der Ewige, hat keine Priester berufen, keine Kirchen aus Stein gegründet, ganz im Gegenteil. Gerade deshalb muss vieles, was der angeblich hohen Geistlichkeit an wissenschaftlichen Erkenntnissen nicht ins Kalkül passt, was ihren immensen Machtanspruch, ihre Habgier und Selbstsucht schmälern könnte, so hingebogen werden, dass wissenschaftliche Erkenntnisse wie die der Quantenphysik oder der Sterbeforschung – so aufklärend und revolutionär sie auch sind – nach Kirchenlehre doch als falsch zu gelten haben. Dem Volk wird dann die Meinung aufgezwungen, dass es sich nur um eine Häresie handeln kann.
Das wiederum ist das katholische Muster. Und wer daran glaubt, ist selbst schuld.

Aus dogmatischer Kirchensicht bleibt die Erde symbolisch gesprochen auf Ewigkeit eine Scheibe, sonst würde die Priesterorganisation sich selbst ad absurdum führen. Der ganze Kosmos ist unaufhörlich in Bewegung, Gott, der All-Geist, schöpft und schöpft immer neue Universen. Er ist immerwährende Bewegung, Dynamik, Veränderung, Evolution, Schaffung von Planeten und Sonnen.
Alles ist nach kosmischen Gesetzmäßigkeiten geregelt, vom kleinsten Atom bis hin zu den mächtigen Universen.

Nur die institutionellen Kirchen glauben, diesen großen kosmischen Geist, den wir im Abendland Gott nennen, in ihre Dogmen, Tabernakel und Hostien einsperren zu können; sogar eine Backware, eine Oblate, muss dafür herhalten. Wie klein ist doch die Theologie!

Lassen wir uns nicht täuschen – erst recht nicht, wenn es um die angebliche ewige Verdammnis geht und um das uralte Menschheitswissen der Reinkarnation. Es gibt keinen Tod. Die Seele des Menschen ist unsterblich.

Oder, wie es der Arzt und Schriftsteller Carl-Ludwig Schleich ausdrückte:

„Ohne ein Leben nach dem Sterben bleibt dieses Leben ein phantastisches Chaos, die Erde ein unbegreifliches Massengrab und unser Geborensein ein Verbrechen, auf das die Todesstrafe gesetzt ist. Verstanden werden kann das Leben nur im Lichte der Ewigkeit."

Kapitel 7

„Rettet eure Seelen!"

Es gibt bekanntlich keine Zufälle. Jede Ursache hat ihre Wirkung und jede Wirkung hatte ihre Ursache. Auf den Klimakollaps bezogen heißt das: Die priesterliche, institutionelle Auslegung und Umsetzung der Worte *„Macht euch die Erde untertan"* durch die über die Jahrtausende herrschende Priesterkaste ist der Untergang der Menschheit.

Die Missachtung des Lebens in den Tieren, den Pflanzen, in der gesamten Natur durch lebensverachtende antichristliche Dogmen, Lehraussagen und Kirchengesetze prägte unzählige Generationen bis zum heutigen Tag.
Diese Missachtung allen Lebens hat die Menschheit durch ihr fortwährendes Handeln gegen die Zehn Gebote Gottes und die Bergpredigt Jesu zu geistig Gesetzlosen gemacht.

Vom Leben der Seele im Menschen und ihrem Weiterleben nach dem Hinscheiden des Körpers dürfen die Menschen nichts Genaues wissen, da dies unweigerlich gegen die Dogmen der Kirchen verstoßen würde.

Stattdessen werden den Gläubigen Glaubensphantasien alter Männer zugemutet, die bis heute die Vorstellungen vom Sterben und vom Tod in der Gesellschaft prägen und die ihren Höhepunkt in kirchlich verbrämten heidnischen Ritualen und Zeremonien finden, die letztlich aus dem Baalskult stammen.

Ist das nicht Obskurantismus?

Nach einer 1700 Jahre währenden Indoktrination mit pseudochristlichen institutionellen Kirchenlehren wird im sogenannten Abendland das Leben der Seele nach dem Hinscheiden des Körpers kaum mehr thematisiert. Dabei wäre das gerade heute so wichtig – denn der Menschheit steht ein Massensterben bevor, das durch den Klimakollaps ausgelöst wird, durch die Zerstörung der Natur und die Zerstörung der schützenden Erdatmosphäre, ohne die es kein Leben auf Erden geben kann.

Daher stellt sich die Frage: Was ist mit den Seelen der verstorbenen Menschen, die wieder zur Erde drängen, wenn es für sie keine Möglichkeit mehr gibt, auf der Erde zu inkarnieren? Denn im Vergleich zu heute werden wohl nur relativ wenig Menschen auf der Erde überleben und leben.

Wie geht es dann im Jenseits für die Seelen weiter? Was ist mit den irdischen Prägungen, mit den Sehnsüchten und Leidenschaften der Seele, mit der Schuld gegenüber den Mitmenschen, den Tieren, der Natur?

Wie gesagt: Gott lässt Seiner nicht spotten. Was der Mensch sät, das wird er ernten, heißt es bei Paulus. Wenn die Seelen nicht mehr auf die Erde inkarnieren können, weil die Erde kaum noch Menschen trägt, wo wird dann – auf die Seele bezogen – die persönliche Ernte der eigenen Saat stattfinden?

Wenn die Bereinigung des Sündhaften, des Allzumenschlichen, und die Wiedergutmachung auf der Erde nicht mehr möglich sind, bleibt der Seele dann nur die Abtragung in den jenseitigen Reinigungsebenen?

Dies sind sicherlich Fragen, die so manchen Menschen bewegen, die sich aber kaum jemand in der Gesellschaft zu fragen traut. Warum?

Wie es aussieht, werden Milliarden von Menschen durch den Klimakollaps sterben, und ihre Seelen werden eventuell unsagbar zu leiden haben, weil sie aufgrund der Irreführung durch die äußeren Religionen völlig orientierungslos sind.

Die äußeren Religionen haben völlig versagt. Das beweist gerade der Klimawandel und der bevorstehende Klimakollaps. Und, wie gesagt: Ursächlich dafür ist nicht zuletzt auch die falsche Interpretation des Bibelwortes *„Macht Euch die Erde untertan!“* durch die Priesterkaste und die von ihr inspirierten und gesegneten Taten.

1700 Jahre lang missbrauchten die Glaubensinstitutionen den Namen „christlich“. Ihre Machtausübung und die Gehirnwäsche der Völker, letztlich alles gegen die Erfüllung der Zehn Gebote Gottes durch Mose und gegen die schrittweise Erfüllung der Bergpredigt Jesu gerichtet, führen in den Untergang der Menschheit im Klimakollaps.

Das ist nicht Gottes Wille. Wessen Wille ist es dann?

Nahezu jeglicher Missbrauch des Lebens, ob gegen Mensch, Natur, Tiere und Mineralien, wurde in der Geschichte der Kirchen durch Priester abgesegnet. Wie ist es heute?

Lässt da nicht der Antichrist grüßen?

Das Gesicht der Erde wird sich verändern

Führen wir uns noch einmal vor Augen, was der Klimawandel und der Klimakollaps als Inhalt, als Konsequenz schon in den nächsten Jahrzehnten mit sich bringen wird. Noch einmal einige Eckpunkte dazu:

* Erderwärmung mit Temperaturen von weit über 40 Grad. Dazu lang anhaltende Hitzewellen.

* Abschmelzen von Gletschern weltweit und dadurch ein nie da gewesener weltweiter Trinkwassermangel, der immer größere Ausmaße annehmen wird.

* Die Ozeane drohen durch die Erwärmung der Wassertemperatur zu versauern, die ph-Werte sinken unaufhörlich, was so gut wie alles Leben in den Meeren zerstören wird. Jetzt schon gibt es ein weltweites Korallensterben von ungeheuerlichem Ausmaß. Die Ozeane sind aber bisher auch der Haupt-Sauerstofflieferant für alles Leben auf der Erde.

* Möglicherweise werden auch Meeresströmungen wie zum Beispiel der Golfstrom versiegen, mit

verheerenden klimatischen Folgen für Europa. Ohne den wärmenden Golfstrom müssen wir uns zumindest in Mitteleuropa zeitweise auch auf tiefste schneereiche Winter mit eisigen Temperaturen einstellen, die durch polare und östliche Luftströmungen geprägt sind. Kontinentalklima wäre dann angesagt.

* Das Amazonasgebiet, die sogenannte Lunge der Erde, wird durch die Erwärmung des Südatlantiks nicht mehr mit ausreichend Regen versorgt und in den kommenden Jahrzehnten versteppen. Dazu kommt noch, dass die Rodung der Urwälder weltweit in ungeheueren Maßen voranschreitet.

* Durch den Anstieg der Temperaturen kommt es zu Erosion, zu dramatischen Verlusten von Ackerflächen und Wäldern, zur Versteppung und Verwüstung ehemals fruchtbarer Gebiete.
  Ein noch weitaus dramatischerer Mangel an Lebensmitteln als bisher schon wird Völkerwanderungen von nie da gewesenem Ausmaß auslösen.

* Selbst konservative Politiker sprechen schon von 200 Millionen Klimaflüchtlingen für die kommenden Jahre – allein für Europa!

* Durch die Bevölkerungsexplosion wird der Bedarf an Ressourcen dramatisch steigen. Schon jetzt verbraucht die Menschheit soviel Rohstoffe, dass längst ein zweiter Erdplanet nötig wäre, um allen heutigen Menschen den gleichen Wohlstand zu sichern.

* Die Zerstörung der Erdatmosphäre, die uns vor kosmischer Strahlung schützt, wird weiterhin zunehmen.
  Das bedeutet für uns Menschen mehr Hautkrebsrisiko, und für die Landwirtschaft, dass Pflanzen und Tiere mehr und mehr massiv geschädigt werden. Das Artensterben wird dadurch nochmals beschleunigt, auch wenn das Ozonloch sich in den nächsten Jahrzehnten wieder eher schließen soll.

* Tropische Seuchen und Krankheiten wird es durch den Klimawandel auch in Nordamerika und Europa geben, weil Insekten wie z.B. die Malariamücken ideale Lebensbedingungen auch bei uns vorfinden.

* Der Anstieg des Meeresspiegels wird große Flächen von Lebensräumen vernichten und wiederum Völkerwanderungen auslösen, weil die

niedrig gelegenen Städte und Länder schlichtweg überflutet werden. Milliarden Menschen sind davon bedroht.
Das Gesicht der Erde wird durch völlig neue Küstenlinien ein ganz anderes Aussehen bekommen. Globen und Landkarten von heute werden schon in wenigen Jahrzehnten nur noch die Vergangenheit aufzeigen, so dramatisch wird sich das Gesicht der Erde verändern.

* Stürme und Tornados mit noch nie da gewesenen Windgeschwindigkeiten von mehreren hundert Stundenkilometern werden riesige Landstriche dem Erdboden gleichmachen, geradezu entvölkern, und nichts als Verwüstung zurücklassen.

* Starkregen mit Niederschlagsmengen, die wir uns noch gar nicht vorstellen können, werden Bäche und Flüsse zu anschwellenden Monstern werden lassen, die alles mit sich reißen, Häuser und ganze Dörfer. Doch es wird noch schlimmer kommen.

* Denn nicht zuletzt werden diese eben genannten Mega-Katastrophen auf allen Kontinenten zu Klimakriegen führen, zu erbitterten Kämpfen um die schwindenden Ressourcen wie Wasser,

Ackerböden, Nahrungsmittel und Lebensraum gleich Siedlungsraum für die Überlebenden der Katastrophen.

* Über all dem schwebt aber auch noch die Gefahr der atomaren Verseuchung. Wer glaubt allen Ernstes daran, dass bei den bevorstehenden Szenarien die Atomkraftwerke völlig sicher sein werden, wo es doch bis heute nicht einmal ein einziges sicheres Endlager für Atommüll gibt? Was wird z.B. aus Tschernobyl oder Fukushima werden, wenn die Elektrizität zusammenbricht?

Doch all diese nicht mehr allzu weit entfernten Szenarien werden bis heute von den verantwortlichen Eliten und deren Helfershelfern heruntergespielt.

Die Frage ist jedoch nicht, ob es so kommt, sondern wann es kommt. Darin sind sich viele Wissenschaftler und Klimaexperten einig.

„Die Massenvernichtung hat schon begonnen“

Der UN-Generalsekretär Ban Ki Moon betonte zum Abschluss der ersten UN-Umweltversammlung in Nairobi laut *Deutschlandfunk* vom 27.6.2014, *„die Dringlichkeit im Kampf gegen den Klimawandel.“* Weiter sagte Ban, *„die Einflüsse der Menschheit auf die Umwelt seien allenthalben spürbar ... Er verwies auf die Abholzung der tropischen Regenwälder, den Wassermangel, die Verschmutzung der Luft, der Meere, des Wassers und der Erde sowie das Artensterben und den Klimawandel. Es sei eine ‚Pflicht für alle', das ‚für das menschliche Leben unverzichtbare Ökosystem' zu erhalten, mahnte der UN-Generalsekretär.“* (*Die Welt*, 27.6.2014)

An diesen lapidaren Aussagen, diesen unkonkreten Formulierungen, können wir schon heute deutlich ablesen, dass diese sogenannten Anstrengungen zum Scheitern verurteilt sind. Nur an eine „Pflicht“ für alle zu appellieren, wo wirklich sehr, sehr deutliche Worte angebracht wären, wo die „Massenvernichtung in der Dritten Welt“ schon längst begonnen hat – so Jean Ziegler in seinem Buch „Wir lassen sie verhungern“ – und über eine Milliarde Menschen seit Jahren dürsten, hungern, leiden, darben, dahinsiechen und sterben, ist mehr als verharmlosend. Wobei es hier nicht um die Person des UN-Generalsekretärs geht, sondern um das Amt, das er bekleidet und um das System, das dahinter steht. Es geht darum, dass selbst so ein hoher UN-Funktionär nur dann Gehör findet, wenn er der vorgegeben Etikette entspricht, auch wenn die ganze Erde dabei draufgeht. Ernst genommen wird er von den Börseneliten trotzdem nicht.

Es ist ein Skandal, eine noch nie da gewesene Tragödie, dass bis heute noch keine verbindlichen Klimaschutzrichtlinien aufgestellt sind, und dass die Hauptverursacher noch immer herumlavieren zu Gunsten der Wirtschaft und der Börsenkurse – obgleich die von Wissenschaftlern aufgestellten Prognosen belegen, dass es für einschneidende, wirklich klimaschützende Maßnahmen schon zu spät ist.

Am 30.10.2014 schreibt *sueddeutsche.de*:
„Wird 2014 wärmstes Jahr seit gut 130 Jahren? ... Das Jahr 2014 steuert hierzulande auf einen Temperaturrekord zu. Die ersten zehn Monate des Jahres seien so warm ausgefallen wie noch nie seit Beginn der Aufzeichnungen 1881 ... Im Vergleich zum Mittel der Jahre 1961 bis 1990 habe die Durchschnittstemperatur um 2,1 Grad höher gelegen.“

Da fragt man sich ernsthaft: Sind da die Aussagen auf den Klimakonferenzen überhaupt noch in irgendeiner Weise glaubhaft, wenn es den Eliten, so wie sie es verlautbaren lassen, noch immer darum geht, bis zum Jahr 2030 die CO2-Werte so zu reduzieren, dass das Zwei-Grad-Ziel in Bezug auf die Erderwärmung nicht überschritten wird? Das wäre dann in 15 Jahren? Wie es aussieht, liegt dann aber der Mittelwert der Erderwärmung bei mindestens 3 bis 5 Grad – und das bedeutet: unumkehrbarer Klimakollaps mit weiter ansteigenden Temperaturen für Jahrhunderte.

Die Lebenden werden die Toten beneiden!

Wenn die sieben führenden Industriestaaten unter Führung der USA glauben, dass sie bis zum Jahr 2030 Zeit haben, die Umwelt weiterhin nachhaltig zu vergiften, zu schänden und Raubbau zu betreiben, so ist das ihre Verantwortung – auch was die Milliarden Opfer angeht, die dann auch die Opfer von denjenigen persönlich sind, die schnelle Reaktionen auf die Klimaveränderungen verhindert haben.
Ein realistisches Klimaschutzabkommen scheint in weite Ferne gerückt zu sein.

Wo man auch hinblickt, man sieht Egomanen und Versager. Doch Gott lässt Seiner nicht spotten. Was der Mensch sät, wird der Mensch ernten.

Überall in den sieben führenden Industriestaaten sind auch die institutionellen Kirchen daran beteiligt, die politische und gesellschaftliche Zukunft mitzugestalten – sei es durch Lobbyisten in den Parlamenten, sei es durch den direkten Kniefall der Staatsoberhäupter im Vatikan vor dem angeblichen Stellvertreter Gottes auf Erden.

Da könnte man sich auch fragen: Vermag der Mann in Rom nichts, oder warum geht die Welt gerade unter? Weshalb ist der Papst derart bedeutungslos für den Klimakollaps, wenn er doch angeblich der Stellvertreter Christi auf Erden sein soll und der „Lenker des Erdkreises"?

Es geht um das Überleben der Menschheit

Jesus von Nazareth, der Freie Geist, brachte den Menschen die Bergpredigt als Lebensanweisung und erinnerte an die Befolgung der Zehn Gebote durch Mose.

Doch gekommen ist die Kirche. Sie hat alles Gegensätzliche gesegnet und somit befürwortet, von der Ausrottung der ersten Urchristen über die Kreuzzüge bis zu den Scheiterhaufen des Mittelalters, von den Faschisten Hitler, Mussolini und Franco bis zur Atombombe, von den beiden Weltkriegen über die Kriege in Korea und Vietnam bis zu den heutigen Kriegen des Westens im Nahen Osten, von den Tierversuchen und der Massentierhaltung bis zur industriellen Landwirtschaft, von der Atomkraft bis zu den Vogelzerhackmaschinen der Schlachthöfe, aber auch der Windkraftindustrie, und sie hat ohne Skrupel alles mit ihrem Weihrauch-Kleister der Unfreiheit und Dogmen, der Sakramente und Riten zuzementiert – alles unter der Androhung einer von Priestern frei erfundenen ewigen Verdammnis, sodass mehr oder weniger die ganze Menschheit daran erstickt ist und im Klimakollaps untergeht.

All die großen Männer und Frauen, die im Auftrag des Christus Gottes inkarnierten, um die angekündigte Wahrheit, die uns frei macht, zu verkünden, wurden durch die katholische Kirche grausam niedergemacht; all die Männer und Frauen, die immer wieder auf die wahren Worte des Jesus von Nazareth hinwiesen – auch auf die Lehre der Reinkarnation –; all die Gottespropheten und Christusnachfolger wie Markion, Montanus, Mani, Origenes, die Paulikianer, Priscillian, die Katharer, die Bogumilen, die Waldenser, Jan Hus, Savonarola, Giordano Bruno und viele, viele andere. All diese mutigen Männer und Frauen in der Nachfolge des Jesus von Nazareth wurden durch die katholische Kirche gefoltert, umgebracht, bestialisch abgeschlachtet und oftmals bis auf das letzte Kleinkind ausgerottet.

Bis heute sind so gut wie alle ihre Namen in den Dogmensammlungen der katholischen Kirche als „ewig verdammte Ketzer" zur Abschreckung der Kirchenmitläufer verzeichnet.

„Löschet den Geist aus – und insbesondere auch das Wissen um die Reinkarnation!"
Auch das ist die antichristliche Blutspur der institutionellen, vom deutschen Staat hoch subventionierten Kirchen.

Deutliche Worte sind hier wahrlich angebracht, denn schließlich geht es um das Überleben der Menschheit.
Jeder kann katholisch sein und bleiben, oder lutherisch, wie er möchte und so lange er möchte, und wenn es über viele Inkarnationen geht.
Doch es muss darüber aufgeklärt werden, dass die Amtskirchen Etikettenschwindel betreiben, weil das, was sie lehren und praktizieren, nicht christlich ist. Es ist katholisch oder lutherisch, hat aber mit den Lehren des Jesus von Nazareth und dem Offenbarungswort Gottes durch Seine Gottespropheten nichts zu tun. Es ist gegen die Schöpfung Gottes und gegen die Lehren des Jesus von Nazareth gerichtet. Folglich ist es antichristlich.

Die Geschichte beweist deutlich: Die Kirchen waren und sind gegen das Leben, gegen alles Leben, auch wenn es hier und dort anders tönt. Das sind dann aber nur Schalmaienklänge; die Glaubenslehren und Dogmen sagen das aus, was für die Kirchen unabänderliches Gesetz ist.
Doch Gott, der Ewige, das All-Bewusstsein, lässt Seiner nicht spotten! Das Gesetz von Ursache und Wirkung mag für uns Menschen nur sehr langsam zum Tragen kommen. Doch eines ist sicher: Es kommt zum Tragen.

Unsere Gesellschaft neigt dazu, alles zu verdrängen, was im Leben Eigenverantwortung erfordert und nicht dem eigenem Ego dient. Elementare Wahrheiten werden von dem überlauten Getöse dieser Welt gering geschätzt – und von den verantwortlichen Politikern nur dann zum Thema gemacht, wenn es gar nicht mehr anders geht oder der eigenen Karriere förderlich ist.

Den Kindern und Jugendlichen in den Schulen wird in den Lehrplänen alles Mögliche und Unmögliche aufgelastet. Doch eines wird ihnen nicht beigebracht: Das Überleben auf einem Planeten Erde, der im Klimakollaps fast völlig zerstört sein wird, letztlich durch den skrupellosen Größenwahn von Raubtierkapitalisten, die man in vielen Fällen nur noch als Mega-Psychopathen bezeichnen kann. Die Opferzahlen dieser sogenannten Eliten werden die Opferzahlen von Hitler und Stalin sicher weit in den Schatten stellen. Doch gerade die Kinder und Jugendlichen sind es, die unter den Versäumnissen der jetzigen älteren Ego-Generationen, duckmäuserisch und lethargisch wie sie sind, am meisten leiden werden.

Was der Blick hinter die Worthülsen zeigt

Am 5.7.2014 brachte die Rheinische Post ein Interview mit Entwicklungsminister Gerd Müller unter der Überschrift: *„Gerd Müller warnt vor 200 Millionen Klimaflüchtlingen"*.

Weiter hieß es: *„Entwicklungsminister Gerd Müller hat angesichts der deutschen G7-Präsidentschaft vor katastrophalen Folgen der Erderwärmung gewarnt, wenn die sieben größten Industriestaaten nicht zu verbindlichen Vorgaben zum Klimaschutz kommen. ‚Wenn wir das Zwei-Grad-Ziel nicht erreichen, müssen wir mit 200 Millionen Klimaflüchtlingen rechnen, weil sich beispielsweise in Afrika Dürrezonen ausbreiten und Hitzeperioden ungeahnten Ausmaßes entstehen', sagte der CSU-Politiker. ... ‚Wir haben derzeit über 51 Millionen Flüchtlinge weltweit, die die Zeiten der Völkerwanderung längst in den Schatten stellen. ... Weitere Millionen werden sich auf den Weg machen. Wir brauchen deshalb eine neue globale Partnerschaft, mit der wir den Chancenzuwachs anders verteilen. ...*
Die EU benötigt endlich ein gemeinsames Konzept, das sich nicht nur darauf beschränkt, wie wir Flüchtlinge abwehren, sondern wie wir eine koordinierte Politik zur Bekämpfung von Fluchtursachen hinbekommen.'"

Blicken wir einmal über Worthülsen wie „Chancenzuwachs anders verteilen“ hinweg: Was heißt das dann im Klartext?

* Es gibt bis heute keine verbindlichen Vorgaben zum Klimaschutz.
* Das Zwei-Grad-Ziel ist schon längst nicht mehr zu halten, wie Wissenschaftler feststellten.
* Wir müssen also jetzt schon mit mindestens 200 Millionen Klimaflüchtlingen rechnen.
* Dürrezonen und Hitzeperioden werden nicht nur in Afrika auftreten, sagen die Prognosen der Wissenschaftler.
* Es gibt bis heute keine globale Partnerschaft, die dem Klimawandel ernsthaft entgegentritt.
* Es werden sich weitere Millionen Klimaflüchtlinge auf den Weg machen.
* Die EU hat bis heute kein gemeinsames Konzept, um Ursachen der Flüchtlingsströme zu beheben, sondern nur, um „Flüchtlinge abzuwehren“. Zynismus pur!

Mit Jesus von Nazareth hat das aber nichts zu tun, und es ist nie und nimmer Gottes Wille. Deshalb mögen sich diejenigen, welche diese katastrophale Entwicklung zu verantworten haben, vielleicht katholisch oder evangelisch nennen. Doch sie sollten sich nicht christlich nennen. Dies gilt auch für die sogenannten „C-Parteien".

Erst zerstören die sieben größten Industriestaaten der Erde durch ihren Raubtierkapitalismus die Lebensgrundlagen von Milliarden Menschen. Sie zerstören unwiederbringlich die Umwelt zu Wasser, zu Land und in der Luft, tragen maßgeblich zur Verrohung der Gesellschaft bei, führen seit dem Ende des Zweiten Weltkriegs Dutzende Kriege, ergötzen sich am Waffenhandel und stürzen dadurch viele Länder ins Elend – und dann geben sie selber mehr oder weniger zu, dass ihr bisheriges Konzept vor allem lautete: Wir müssen die Klimaflüchtlinge abwehren!

Ist das nicht pervers? Ein solches Verhalten kann man doch nur dem Antichristen zuordnen.

„Der Dritte Weltkrieg ist in vollem Gang"

Eine Einsicht bleibt zumindest: Unsere Zukunft beinhaltet auch für Europa Szenarien, die wir heute nur aus den schlimmsten Krisengebieten kennen. Bisher haben die Gesellschaften in den Wohlstandsländern diese Realität verdrängt – doch durch den Klimakollaps wird Folgendes schon bald auch in den jetzt noch reichen Wohlstandsländern Realität sein: Trinkwassermangel, Hungersnöte durch Verkarstung von Ackerflächen, Ausweitung von Steppe und Wüste, Flüchtlingsströme und vielerorts Unruhen bis zum teilweisen Zusammenbruch der gesellschaftlichen Ordnung. Möglich sind auch eisige, harte und sehr lange Winter. Das sind nur einige Stichworte, die das schon bald Kommende andeuten. Und es ist erst der Anfang vom Ende.

Um sich ein Bild davon zu machen, was die Menschen auch in Europa und Amerika, in Asien und überall auf der Welt an Not und Leid erwartet, braucht es nicht viel Phantasie. Die Bücher von Jean Ziegler, dem langjährigen Sonderberichterstatter der Vereinten Nationen für das Recht auf Nahrung, führen mit drastischen Worten in das kommende Szenario ein.
Jean Ziegler, übrigens Vegetarier, schrieb bereits im Jahr 2002: *„Wer Geld hat, isst und lebt, wer keines hat, leidet und wird invalide oder stirbt."* („Die neuen Herrscher der Welt", S. 14)
„Jährlich verhungern 30 Millionen Menschen, Hunderte von Millionen sterben an den Folgen von Krankheiten, Epidemien, und Mangelerscheinungen infolge von Unterernährung." („Wie kommt der Hunger in die Welt?", 2002, Klappentext)

„Seit 1980 erblinden jedes Jahr im Durchschnitt sieben Millionen Menschen, viele davon Kinder. Die meisten von ihnen auf Grund mangelhafter Ernährung oder infolge von Krankheiten, die mit der Unterentwicklung einhergehen." („Wie kommt der Hunger in die Welt?", 2000, S. 14)

Im Jahr 2002 schrieb Jean Ziegler: *„Die vier apokalyptischen Reiter der Unterentwicklung heißen Hunger, Durst, Seuche und Krieg. Sie zerstören jedes Jahr mehr Männer, Frauen und Kinder, als das Gemetzel des Zweiten Weltkriegs in sechs Jahren getan hat. Für die Menschen der Dritten Welt ist der ‚Dritte Weltkrieg' in vollem Gange ... Jahr für Jahr bringen Hunderte von Millionen schwer unterernährter Mütter Hunderte von Millionen unheilbar geschädigter Säuglinge zur Welt!"* („Die neuen Herrscher der Welt", S. 13f.)

Dieses Elend wird nach der Überzeugung vieler Menschen die nahe Zukunft auf allen Kontinenten sein. Der Klimakollaps und seine Auswirkungen auf die Gesellschaft werden so drastisch in das Leben der sogenannten zivilisierten Welt einbrechen, dass man das nur noch als „Hölle auf Erden" bezeichnen wird. Und es wird noch schlimmer kommen. Die Zeit ist nahe, wo die Lebenden die Toten beneiden.

Der Weg zum Herzen Gottes

Vielleicht verstehen wir jetzt, warum Gott, der Ewige Vater, aus Seiner Liebe zu uns Menschen in diese Zeitenwende hinein noch einmal einen großen Propheten sandte und uns Menschen im Prophetischen Wort noch einmal die Hand reichte, bevor diese Welt vergeht.

In der Christus Offenbarung „Das ist Mein Wort, A und Ω, Das Evangelium Jesu" lesen wir auf S. 469 über den Weg der Seele Folgendes:
„‚Gesegnet sind, die viele Erfahrungen durchmachen, denn sie werden durch Leiden vollkommen werden' heißt: Der Mensch, der seine Sünden, die auch als Leiden in Erscheinung treten können, annimmt und sich in Leid, Krankheit und Not als sündig erkennt, der bereut, um Vergebung bittet, vergibt, wiedergutmacht und die Sünden nicht mehr begeht, der wird durch die Sühne erstarken und vollkommen werden. Über den Sünder herrschen Tod und Geburt nur so lange, bis er seine Sünden abgelegt hat und Gottes Willen erfüllt. Dann beginnt seine Seele zu leuchten. Beide, Seele und Mensch, blicken dann himmelwärts. Und so sie überwunden haben – wenn auch durch Leid –, wird die Seele in das Reich Gottes eingehen.

Erkennet: Wenn die Seele aus der Finsternis kommt, das heißt, wenn sie sich in ihren Vorexistenzen im Erdendasein belastet und die Sünden nicht bereinigt hat, dann wird sie vorübergehend in den Seelenreichen verweilen und dann wieder ins Erdendasein kommen. Sie wird so lange das Fleisch, ein Erdenkleid, anstreben, bis sie das bereinigt hat, was sie immer wieder zur Erde in das Erdenkleid gezogen hat.
Die Erde ist also so lange für die Seelen ein magnetischer Anziehungspunkt, bis sie auf ihr das gesühnt und umgewandelt haben, was sie immer wieder ins Erdendasein zog. Denn es gibt Belastungen, welche „erdschwer" sind und welche die Seelen immer wieder zur Erde ziehen, bis diese Belastungen aufgehoben sind. Viele Seelen finden in den Reinigungsebenen so lange keine Ruhe, bis sie diese Erdanziehung überwunden haben. Die nicht erdschweren Belastungen hingegen, welche die Seelen im Erdenkleid verursacht haben, können im Jenseits rascher getilgt werden.
Wohl jenen Seelen und Menschen, die ihre Erdenschuld – das, was sie verursacht haben – auf Erden wiedergutmachen durch die Gnade des Vaters; denn diese wirkt auf der Erde verstärkt.
Erkennet: Die Zeit rückt immer näher, in der schwerbelastete Seelen nicht mehr ohne weiteres die Erde

aufsuchen können. Denn die Erde wird gereinigt, und der ganze Erdplanet einschließlich des gesamten Sonnensystems wird angehoben und in seiner Struktur verfeinert werden. Dann ist eine Einverleibung von schwerbelasteten Seelen nicht mehr möglich. Sie werden sich dann in den Reinigungsebenen auf jenen Planeten, die ihrem Seelenstand, ihrem Bewusstseinsstand also, entsprechen, wie Gebundene fühlen. Dort werden sie durchleiden, was sie auf Erden ohne große Pein hätten abtragen können.

Die Wiedergeburt in den Geist Gottes erlangt die Seele im Menschen, die himmelwärts blickt und in ihrem Erdendasein Stunde um Stunde, Tag für Tag ihr Empfinden und Denken auf Gott ausrichtet und sich damit einstimmt auf Gott. Die Worte und Handlungen eines solchen Menschen sind dann göttlich. Nach dem Leibestode wird diese Seele allmählich in den Himmel aufsteigen, weil sie in sich den Himmel erschlossen hat.

Der Weg zum Herzen Gottes ist die selbstlose Liebe. Wie sie zu erlangen ist, lehren Ich und die göttliche Weisheit auf Erden durch Offenbarung. Das Wort der Wahrheit strömt durch Mein Instrument in diese Welt. Mein Wort dient all denen zur Hilfe, zum Heil und zur Freude, die den Weg der selbstlosen Liebe wandeln.

Was niedergeschrieben ist, erklärt das Kommen und Gehen der Seelen. Niemand kann in den Himmel aufsteigen, der nicht den Himmel in sich erschlossen hat.
Alle Seelen und Menschen sind jedoch vom Himmel herabgekommen und werden wieder in den Himmel eingehen, weil sie aus dem Himmel sind. Mein Auftrag als Erlöser ist, alle wieder zum ewigen Vater in die ewigen Himmel zurückzuführen."

Religion als „Herrschaftsmittel"

Nach diesen eindringlichen Worten des Christus Gottes ergibt sich eine Frage an uns alle: Würde die Menschheit im Klimakollaps untergehen, wenn die kosmische Wahrheit, die geistige Lehre über die Reinkarnation, von den institutionellen Amtskirchen nicht bekämpft, verfälscht, unterdrückt und fast vollständig ausgemerzt worden wäre?

Vielleicht verstehen wir jetzt auch besser, warum die institutionellen Kirchen, die Reichen und Mächtigen, der Adel und die politischen Führer der Völker die Lehre über die kosmische Wahrheit der Reinkarnation, der Wiedergeburt der Seelen in das Fleisch, zu allen Zeiten bekämpften und die Verbündeten der herrschenden Machthaber, die Kirchen, statt dessen die völlig frei erfundene katholische Idee von einer ewigen Verdammnis in die Hirne der Völker pflanzten, und dass das Volk der Obrigkeit zu gehorchen hat. Wie sagte doch Niccolò Machiavelli damals in Florenz so treffend: *„Religion ist nichts anderes als ein von Menschen gemachtes Herrschaftsmitte!“* (Volker Reinhard, Alexander VI. Borgia, S. 11)

Und der weltberühmte Psychoanalytiker Erich Fromm brachte, wie bereits erwähnt, seine Sicht auf die Kirche wie folgt auf den Punkt: *„Sie hat die Aufgabe, die psychische Selbständigkeit der Masse zu verhindern, sie intellektuell einzuschüchtern, sie in die gesellschaftlich notwendige infantile Gefügigkeit den Herrschenden gegenüber zu bringen.“* (Die Entwicklung des Christusdogmas, S. 22; zit. nach Alfred Lévy, Erich Fromm - Humanist zwischen Tradition und Utopie, Würzburg 2002, S. 57)

In Anbetracht der historischen Wahrheit wird uns insbesondere bewusst, wie abartig und brutal sich christlich nennende Menschen mit den Tieren, der Natur, mit der Mutter Erde umgehen – alles mit dem Segen der Priesterkaste und obwohl wir doch alle Brüder und Schwestern im Geiste unseres Ewigen Vaters sind und wissen sollten, dass es kein Leben gibt außer Gott, und dass auch die Tiere, die Pflanzen und die Mineralien beseelt sind.

Wenn wir an die vielen Kriege denken, an die Todesstrafe, an Folter und Gewalt, Menschenhandel, Verbrechen und Mord, auch an die bestialische Massentierhaltung und das Artensterben, das Abholzen der Wälder, das Vergiften der Flüsse, der Seen und Meere, die Schändung und Vergiftung der Mutter Erde mit allem, was auf, in und über ihr lebt, alles vielfach unter dem Namen „christlich", dann wissen wir, warum die Menschheit im Klimakollaps untergeht und es letztlich auch nicht anders verdient hat, nach dem Gesetz von Ursache und Wirkung.

Gott lässt Seiner nicht spotten. Was der Mensch sät, wird der Mensch ernten. Doch ER hat rechtzeitig gewarnt. Daran wird keine äußere Religion etwas ändern können.

Eine Zeit der Extreme

Wie nahe wir der Ernte schon sind, zeigen uns die immer häufigeren Wetterextreme. *Welt der Wunder* schreibt darüber in der Ausgabe 7/2014:

„Fakt ist, dass sich in den vergangenen drei Jahren die Katastrophen weltweit häufen.

20. Mai 2014, Balkan: 22.900 Quadratkilometer sind überflutet – das entspricht der Fläche Mecklenburg-Vorpommerns.

19. Mai 2014, Brasilien: Sao Paulo wird unter einer 20 cm dicken Schicht von Hagelkörnern begraben.

5. Februar 2014, Iran: Die schwersten Schneestürme seit 50 Jahren lassen 500 000 Menschen ohne Strom- und Wasserversorgung.

Februar 2014, Kalifornien: Rekordhitze und Trockenheit führen in 77 Prozent des US-Bundesstaates zu extremer Dürre und riesigen Waldbränden.

16. Januar 2014, Indonesien: Heftige Regenfälle spülen Tausende Häuser fort.

Dezember 2013, USA: Blizzards (null Meter Sichtweite) und ein Schneesturm von 1600 Kilometern Breite legen die Osthälfte des Landes lahm.

Dezember 2013, Nordeuropa: Orkan ‚Xaver' treibt gewaltige Sturmfluten über Großbritannien, Skandinavien und Norddeutschland.

8. November 2013, Philippinen: Der stärkste bekannte Taifun der Weltgeschichte, der je auf Land getroffen ist, kostet 6340 Menschen das Leben."

Und am 4.11.2014 schreibt *Die Welt*:
„Treibhausgase so stark angestiegen wie noch nie. Der weltweite Ausstoß des Treibhausgases Kohlendioxid ist im Jahr 2010 ‚monströs' angestiegen. Damit wurden selbst die pessimistischsten Szenarien überboten. ...
‚Das ist wirklich bestürzend', sagt Granger Morgan, Professor der Carnegie Mellon University. ‚Wir sind dabei, ein schreckliches Erbe für unsere Kinder und Enkelkinder aufzubauen.'"

Wenn also die Ursachen über uns Menschen hereinbrechen: Klagen wir nicht Gott an! Denn Gott hat rechtzeitig gewarnt.

Uns Menschen bleibt die Hoffnung im Ruf des Christus Gottes:
„Rettet eure Seelen, indem ihr Schritt für Schritt die Zehn Gebote Gottes und die Bergpredigt erfüllt, bevor diese Welt vergeht."

Anstelle eines Nachwortes

Im Folgenden ein Auszug aus dem großen Offenbarungswerk „Das ist Mein Wort, A und Ω, Das Evangelium Jesu. Die Christus-Offenbarung, welche inzwischen die wahren Christen in aller Welt kennen“.

Christus offenbart:
„Wer die Toten beklagt, ist noch fern vom ewigen Leben, weil er den Tod als Ende des Lebens sieht. Er hat die Auferstehung in Mir, dem Christus, noch nicht erlangt. Er zählt zu den geistig Toten.
Klagt nicht über eure Toten! Denn wer den Verlust eines Menschen beklagt, der denkt nicht an den Gewinn der Seele, die – sofern sie in Mir, dem Christus, gelebt hat – in höhere Bewusstseinsbereiche des Lebens eingeht. Denn wenn ihr Leben im Erdendasein in Gott war, so wird es auch in einer anderen Daseinsform in Gott sein.
Erkennet: Das Zeitliche, das Leben im Körper, ist nicht das Leben der Seele. Die Seele hat nur für einen kurzen Lebensabschnitt Fleisch angenommen, um im Zeitlichen das zu bereinigen und zu tilgen, was sie sich in verschiedenen Erdenkleidern auferlegt hat. Die Erde ist nur als Durchgangsstation zu sehen, auf der die Seelen im Erdenkleid in Kürze das

bereinigen, was sie jenseits der Bewusstseinsschleier – auch Nebelwände genannt – nicht so rasch bewältigen können.
Wenn eine Seele ihr irdisches Kleid verlässt, so beweint der Mensch nur das Kleid der Seele und denkt dabei nicht an die Seele, die dem Kleide entschlüpft ist.
Eine lichte Seele wird nach Ablegen ihres irdischen Körpers von lichten, für den Menschen unsichtbaren Wesen in jene Bewusstseinsebene geleitet, die dem Denken und Leben des Menschen entspricht, in dem diese Seele einverleibt war.
Erkennet: Jede Seele, die den Körper verlassen hat, zieht es noch einige Zeit hin zu den Menschen, mit denen sie als Mensch zusammengelebt hat. Muss sie erfahren, dass ihre ehemaligen irdischen Anverwandten ihre Hülle betrauern, so ist das für die Seele sehr schmerzlich. Die noch erdnahe Seele erkennt sehr wohl, weshalb ihre Anverwandten nur ihre menschliche Hülle beklagen und warum sie als Seele von den Trauernden nicht beachtet wird. Eine Seele, die das erkennen muss, empfindet dabei den ersten tiefen Seelenschmerz nach dem Ablegen des physischen Leibes; denn sie erfährt, weshalb der Mensch trauert und nicht ihrer in Liebe und Verbundenheit gedenkt. Sie schaut dabei so manchen eigennützigen Gedanken ihrer ehemaligen irdischen

Anverwandten. Sie kann sich ihnen nicht bemerkbar machen, weil sie von ihnen nicht wahrgenommen wird. Was sie sagt, hört der Mensch nicht, und was sie schaut, sieht er nicht. Die Seele jedoch nimmt vieles wahr.
Ich rege euch zum Nachdenken an: Klagt ihr, wenn sich die Schlange häutet, wenn sie ihre Haut zurücklässt und weiterkriecht?
Ähnlich ist es mit der Seele. Sie verlässt ihren verweslichen Leib, ihre Hülle, und wandert weiter. Ihr trauert also um den Verlust der Hülle und gedenkt nicht der Seele! Wer der Seele gedenkt, der dankt Gott, der die Seele in Seinen Schoß zurückrief, sofern diese im Erdenkleid das Leben in Gott genützt hat und dadurch Ihm näherkam. Denkt daran, dass für eine lichte Seele das Ablegen des Leibes ein Gewinn ist.
Und: So ihr nur vor den Menschen um den Verlust des Menschen trauert, heuchelt ihr ihnen etwas vor. In Wirklichkeit gedenkt ihr weder des Menschen noch der Seele. Ihr denkt nur an euch selbst. Die Seele, die das registriert, erkennt, dass sie nicht selbstlos geliebt wurde, dass sie unter Umständen nur zum Eigennutz ihrer Nächsten da war.
Viele Seelen müssen erkennen, dass sie im Erdenkleid von ihren irdischen Anverwandten und Bekannten gelebt wurden. Das heißt, dass sie als Mensch sich

selbst nicht entfalten und ihre Wesensmerkmale nicht leben konnten, weil sie den Willen derer tun mussten, die von ihnen das verlangt haben, was zu ihrem eigenen Vorteil war. Viele dieser Seelen schauen, was sie in ihrem Erdendasein versäumt haben, und kehren auch deshalb wieder in das irdische Dasein zurück. Sie gehen wieder durch die Bewusstseinsschleier zur Erde und halten sich als Seele erneut unter jenen auf, die durch sie gelebt haben. Wieder andere suchen auf der Erde das zu leben, was sie als Menschen nicht entfalten konnten.

Solange Menschen an Menschen oder Dinge – wie Besitz, Reichtum und Macht – gebunden sind, kehren ihre Seelen wieder zur Erde zurück und schlüpfen wieder in neue Erdenkleider. Es bestehen mannigfache Ursachen und Beweggründe, weshalb sich Seelen wieder einverleiben. Erkennt zum Beispiel eine Seele, dass sie mit ihren Angehörigen durch Sünden verkettet ist, so resigniert sie oftmals und lässt den Wunsch zu, wieder einen neuen Körper anzunehmen. Von diesem Wunsch beseelt, lebt sie in der Bewusstseinsebene, die ihrem Seelenzustand entspricht, und wird dort belehrt. Ihr wird unter anderem das Für und Wider einer erneuten Einverleibung nahegebracht. Sie geht dann zur Einverleibung, wenn die Gestirne, in denen ihr Für und

Wider gespeichert ist – und somit auch ihr Erdenweg –, den Weg zur Materie weisen und wenn auf Erden ein Erdenkörper gezeugt ist, der ihrem seelischen Bewusstseinsstand entspricht. In diese menschliche Hülle schlüpft sie dann bei der Geburt hinein. ... (S. 333 - 336)

Ich, Christus, gebe euch einen Maßstab, auf dass ihr erkennt, wo ihr steht – entweder im Licht oder im Schatten: ‚Denn wo euer Schatz ist, dort ist auch euer Herz', dort wird einst eure Seele sein.
Beachtet: Wer diese Worte liest und in der Wende steht von der alten zur Neuen Zeit, der sollte sich beeilen, dass er noch sein geistiges Leben findet! Denn wenn die Neue Zeit, die Zeit des Christus, auf der ganzen Erde offenbar ist und das Innere Leben gelebt wird, gibt es keine Einverleibungen mehr für jene, die nach äußeren Werten trachten. Es gibt dann auch keine Einverleibungen mehr für die irdisch Reichen, um als Ärmste unter den Armen das zu sühnen, was sie als Reiche versäumt haben.
Hat das Friedensreich Jesu Christi weitere Evolutionsschritte getan, dann wird es weder arm noch reich geben. Alle Menschen sind dann reich in Meinem Geiste, da sie das innere Reich erschlossen haben. Entsprechend werden sie auch auf der neuen Erde leben, unter einem anderen Himmel.

Daher seid bereit, Gott zu dienen und aus Liebe zu Gott auch euren Mitmenschen.
Erkennet: Keiner kann zwei Herren dienen, Gott und dem Mammon. Einzig die selbstlose Liebe eint alle Menschen und Völker. Der Mensch auf Erden und die Seele in den Stätten der Reinigung – beide werden einst zur Entscheidung geführt: Gott oder dem Mammon zu dienen, für Gott oder gegen Gott zu sein. Es gibt nichts dazwischen: entweder für Gott – oder für das Satanische." (S. 341-342)

Anhang

Literaturhinweise

* Die Botschaft aus dem All.
  Die Gottesprophetie heute – nicht das Bibelwort.
  Band 1-3, Gabriele-Verlag Das Wort

* Das ist Mein Wort – A & Ω – Das Evangelium Jesu.
  Die Christus-Offenbarung, welche inzwischen die wahren Christen in aller Welt kennen
  Gabriele-Verlag Das Wort

* Reinkarnation – eine Gnadengabe des Lebens.
  Wohin geht die Reise meiner Seele?
  Gabriele-Verlag Das Wort

* Der Schattenwelt neue Kleider – Die Inquisition der Jetztzeit – Klimawandel: Gott hat rechtzeitig gewarnt, Gabriele-Verlag Das Wort

* Dein Leben im Diesseits ist Dein Leben im Jenseits,
  Gabriele-Verlag Das Wort

* Ich kam – woher? Ich gehe – wohin?
  Gabriele-Verlag Das Wort

* Der Weg des Vergessens – Der Mikrokosmos im Makrokosmos, Gabriele-Verlag Das Wort

* Horror Astral, Gabriele-Verlag Das Wort

* Der Zeitgenosse Tod. Das Leben und Sterben, um weiterzuleben. Jeder stirbt für sich allein, Gabriele-Verlag Das Wort

* Die redende All-Einheit – Das Wort des Universalen Schöpfergeistes, Gabriele-Verlag Das Wort

* Der mutige junge Mann Jesus von Nazareth, Gabriele-Verlag Das Wort

* Gwynne Dyer: Schlachtfeld Erde, Klimakriege im 21. Jahrhundert, Klett-Cotta

* Karlheinz Deschner: Kriminalgeschichte des Christentums, 10 Bände, Rowohlt

* Karlheinz Deschner: Die Politik der Päpste im 20. Jahrhundert.

* Karlheinz Deschner: Abermals krähte der Hahn, Goldmann

* Weitere Hintergrundinformationen: www.theologe.de

Die Botschaft aus dem All

Die Gottesprophetie heute - nicht das Bibelwort

Jesus war vor 2000 Jahren gekommen, um mit den Irrlehren der damaligen Priesterschaft aufzuräumen und die Menschen in ein Leben der Freiheit und der Einheit von Mensch und Natur zu führen. Heute ist Christus wiedergekommen - in Seinem Wort, das gegeben ist durch den großen Gottespropheten in unserer Zeit: Gabriele. Unser ewiger Vater und Christus, unser Bruder und Erlöser, geben Aufklärung über die geistigen Zusammenhänge, die in der Bibel nicht erklärt sind: über Sinn und Zweck des Erdenlebens, die Freiheit jedes Wesens, über Ursache und Wirkung, über die bevorstehenden Naturkatastrophen, über die unsterbliche Seele und die Reinkarnation, über die Erlösertat Christi, über die unendliche Liebe Gottes zu jedem Menschen und zur ganzen Schöpfung, und vieles mehr.

Die bislang erschienenen 3 Bände „Die Botschaft aus dem All" enthalten insgesamt 40 ausgewählte göttliche Offenbarungen. Sie sind gegeben für jeden Menschen, der sich nach Gott, nach der Wahrheit, sehnt - unabhängig von Religion, Rasse oder Nationalität.

Band 1, 272 S., geb., Best.-Nr. S 137. ISBN 978-3-89201-126-2
Band 2, 264 S., geb., Best.-Nr. S 138. ISBN 978-3-89201-196-5
Band 3, 264 S., geb., Best.-Nr. S 141. ISBN 978-3-89201-256-6
Je Euro 18,00. Mit Schutzumschlag

Das ist Mein Wort
A und Ω
Das Evangelium Jesu

Die Christus-Offenbarung, welche inzwischen die wahren Christen in aller Welt kennen

Diese umfassende Christus-Offenbarung geht weit über den Inhalt der Bibel hinaus. Das große Werk gibt eine Gesamtschau von dem, was war, von dem, was ist - und von dem, was sein wird. Aufbauend auf dem „Evangelium Jesu", einem schon bestehenden, außerbiblischen Evangeliumstext, offenbart Christus selbst durch Gabriele, die Prophetin und Botschafterin Gottes, Einzelheiten Seiner Inkarnation in Jesus von Nazareth. Er zeigt insbesondere auf, wie wir Menschen in unserer heutigen Zeit nach den Gesetzen Gottes, nach den Zehn Geboten und der Bergpredigt, leben können, und Er lässt uns vorausblicken in die Zukunft, in Sein Friedensreich auf der Erde.

Aus dem Inhalt: Kindheit und Jugend Jesu * Die Verfälschung der Lehre des Jesus von Nazareth in den vergangenen 2000 Jahren * Voraussetzungen für die Heilung des Leibes * Gott zürnt und straft nicht * Jesus liebte die Tiere und setzte sich immer für sie ein * Wer in Gott lebt, ist mit allen Geschöpfen eins * Der Mensch schändet und zerstört das Leben auf der Erde und vieles andere mehr.

1128 S., geb. Inklusive Audio-CD mit der Originalaufzeichnung eines Göttlichen Prophetischen Heilens, gegeben durch Gabriele; außerdem die kurze Autobiographie von Gabriele, mit Kohlezeichnung.

Best.-Nr. S 007. ISBN 978-3-89201-271-9. Euro 19,80

Was Ihnen verschwiegen werden sollte:

Reinkarnation
Eine Gnadengabe des Lebens
Wohin geht die Reise meiner Seele?

Der Reinkarnationsgedanke war auch im Urchristentum lebendig. Durch Gabriele werden in seltener Klarheit und Eindeutigkeit die Grundfragen des Menschen nach dem Woher und Wohin, dem Warum und Wofür beantwortet. Das Buch räumt mit den vielen Irrtümern und falschen Vorstellungen über die Reinkarnation auf.

96 S., kart., Best.-Nr. S 380. ISBN 978-3-89201-273-3. Euro 9,80

Matthias Holzbauer, Dieter Potzel

Kirchliche Obere verdammen - Gott, der All-Geist, nicht

Ungezählte Generationen wurden mit der Horrorvorstellung eines angeblich strafenden und grausamen Gottes gequält, der einen Großteil Seiner Kinder in eine ewige Hölle schickt. Auch heute noch verdüstert dieser Alptraum viele Gemüter und macht sie seelisch krank. Vor allem aber: All die über Jahrhunderte angehäuften Bannflüche gegen alles Nicht-Katholische sind bis heute Bestandteil der katholischen Lehre. Sind also auch Sie verdammt? - Finden Sie es heraus. Und erfahren Sie: Gott, der die Liebe ist, verdammt niemanden!

192 S., kart., Best.-Nr. S 467. ISBN 978-3-89201-360-0. Euro 12,90

Matthias Holzbauer

Der Schattenwelt neue Kleider

Die Inquisition der Jetztzeit Klimawandel: Gott hat rechtzeitig gewarnt

Der Klimawandel und die dramatischen Veränderungen auf der Erde sind nicht mehr wegzuleugnen - plötzlich meldet sich auch die Kirche zu Wort, von der 30 Jahre lang zu diesem Thema nichts Nennenswertes zu hören war - im Gegenteil: Jahrzehntelang machten Kirchenvertreter mit Hohn und Verleumdung regelrecht Jagd auf bestimmte Zeitgenossen, die vor den apokalyptischen Folgen des Raubbaus an der Natur warnten.

288 S., kart., Best.-Nr. S 449. ISBN 978-3-89201-236-8. Euro 8,90

Matthias Holzbauer

Verfolgte Gottsucher

Der Strom des Urchristentums in der Geschichte

Sie wurden vertrieben, zwangsbekehrt, getötet. Doch so wie Pilze über Nacht aus dem Boden wachsen, tauchen sie immer wieder auf: spirituelle Bewegungen, die abseits der verhärteten Machkirchen ein ursprüngliches, unverfälschtes Christentum anstrebten. Immer wieder leisteten Einzelne oder Gruppen von Menschen Widerstand gegen die Entstehung einer äußeren Machtkirche, die Jesus nie gewollt hatte. So ist der Strom des Urchristentums in der Geschichte nie wirklich versiegt - und er strömt bis in unsere Tage ...

212 S., kart., Best.-Nr. W 169. ISBN 978-3-9808322-5-0. Euro 9,80

Der Freie Geist
Gott in uns

Gabriele, die Prophetin und Botschafterin Gottes in unserer Zeit, bringt uns die Freiheit in Gott nahe und zeigt auf, wie jeder Mensch selbst Gotteserfahrungen machen und daraus die Freude und die Gewissheit gewinnen kann: Gott ist in jedem von uns. Gott ist in allen Lebensformen. Gott ist in allem gegenwärtig.

88 S., geb., mit vielen Naturbildern.
Best.-Nr. S 179. ISBN 978-3-89201-390-7. Euro 12,50

Gerne übersenden wir Ihnen unseren umfangreichen Gesamtkatalog aller erhältlichen Bücher, CDs und DVDs, mit vielen Leseproben; außerdem Gratis-Broschüren zu verschiedenen Themen.

Gabriele-Verlag Das Wort GmbH
Max-Braun-Str. 2, 97828 Marktheidenfeld
Tel. 09391/504 135, Fax 09391/504 133
E-Mail: info@gabriele-verlag.de